老HRD
手把手
▼
系列

第二版

老HRD手把手教你做招聘

做招聘

实操版

王桂莲◎著

中国法制出版社

CHINA LEGAL PUBLISHING HOUSE

企业人力资源管理"手把手"丛书
专家顾问委员会成员

隆　雨	京东集团首席人力资源官及法律总顾问
王文萍	奇虎360人力资源总监
张如国	新东方教育集团助理副总裁兼人力资源总监
马永武	腾讯学院院长
胡劲松	乐视网人力资源高级总监
蔡元启	海尔集团全球人才平台总监
高晓宇	酒仙网资深人力资源总监
李　琳	凤凰网人力资源中心总经理
徐惠来	清华同方本部人力资源总监
刘　莹	恒安集团人力资源总监
张晓春	新奥集团人力资源总监
杨　勇	安踏集团总裁助理兼人力资源总监
王珏珅	宇通客车人力资源总监
陈毅贤	北京中科金财科技股份人力资源副总裁
黄治民	北京北斗星通科技股份人力资源副总裁
周留征	北京东土科技股份副总裁
刘亚玲	北京华胜天成科技股份人力资源总经理
刘法圈	联想控股融科智地房地产人力资源总监
赵小兵	敦煌网人力资源高级顾问
张成强	京翰教育集团人力资源总监
周　博	中国电信翼支付人力资源总监

张　萌　光大永明人寿保险人力资源部总经理

李　瑛　东方国信人力资源总监

肖冬云　天音通信人力资源总监

王文涛　凌云光子集团人力资源副总裁

李美平　远光软件股份有限公司副总裁

薛　燕　天极传媒集团人力资源总监

王永贤　北京立思辰科技人力资源副总裁

王志成　亿龙集团人力资源副总裁

刘立明　北京建谊投资（集团）高级副总裁

张银昆　北京合纵科技股份人力资源副总裁

李　亮　万达集团人力资源管理中心副总经理

刘海赟　易车网人力资源中心总经理

高文举　微才网首席执行官

廖　亮　中国邮政人力资源总监

陈　沁　亚信集团薪酬福利总监

张　欣　北京华联商厦人力资源总监

兰　雨　人人网人力资源总监

赵东辉　拉卡拉人力资源总监

俞　波　新中大软件股份有限公司人力资源总监

王立平　北京久其软件人力资源总监

李默成　大公国际人力资源总监

姜　杉　中金数据科技人力资源总监

陈守元　易华录科技股份人力资源总监

张　琰　紫光集团人力资源部经理

徐冰雪　工商银行数据中心人力资源部经理

曹　冰　恒宝科技人力资源总监

郭　奇　北京盛百味餐饮集团总经理

企业人力资源管理实践领域一大盛事

我国企业从二十世纪九十年代开始人力资源管理转型，历经二十多年的发展，水平仍然参差不齐，有些企业已经进入战略人力资源管理阶段，同时也有不少企业仍然在人事管理阶段徘徊。究其原因，一是企业领导人对人力资源管理的认识不到位，二是人力资源管理专业人员的业务能力不达标。现有的出版物在服务企业家学习人力资源管理方面基本是够用的，但在提升人力资源专业人员的业务能力方面，则尚有缺欠。师带徒、边干边学仍是中国企业人力资源新兵们"习武"的主要方式。

人力资源管理是一门致用之学，既有系统深入的理论基础，又有复杂多变的操作规则和艺术。综观书市，以人力资源管理为题的教材和理论性书籍林林总总、数不胜数，但完全由业界人士撰写的实战型精品却难得一见。中国法制出版社联手国内顶尖名企的人力资源高管共同打造"老 HRD 手把手系列丛书"，契合此领域学习资料之短板，可谓年轻人力资源管理业者之幸。

这套丛书的出身决定了它的独特个性。

1. 作者"道行深"：优秀的作者才能写出优秀的作品。这套丛书的"爸爸妈妈"们都是硕士学历，接受过高水平的系统教育。他们从基层一步一步成长为人力资源高管，经历过多番变革，处理过多种矛盾，至今奋战在企业人力资源管理第一线。他们不仅深谙人力资源管理理论，更精通人力资源管理操作技巧，可以说，他们都是"有道行"的人，是有能力写出既有"仙气"又接"地气"的作品的人。

2. 内容"实"：本书的内容以"实战、实用、实效"为导向，书中所有实践经验均来自国内一流名企，这些公司都具有鲜明的代表性。书中不仅有文字描述和对理念、原则的介绍，而且有大量"开袋即食"型的流程、工具和表格，新手可以借此实现本公司实践与优秀公司经验之间的无缝对接。

3. 文字"简"：本套丛书没有将"简单问题复杂化"，没有赘述枯燥的管理理论，表达简洁直接，便于读者快速把握要点。

4. 主题"全"：本套丛书涵盖企业招聘、绩效、培训和薪酬等各项职能，每本书又覆盖了一项职能中几乎所有的细节，可谓人力资源管理实操大全，为企业构建规范化、精细化人力资源管控体系提供了一整套解决方案，也为人力资源专业人员成为全能型选手提供了十八般兵器。

正是因为本套丛书的以上特点，我很高兴、很荣幸写这个小序，一是向读者朋友推荐这些书，二是向作者致敬、祝贺。这套书不仅适用于企业人力资源管理专业人员中的新手和生手，也值得老手们参考。它山之石可以攻玉，在一个企业做久了，思路容易有局限，相信这套书也能给老手们带去清新之风。

我还要从高校教师和学生的角度感谢作者和出版社。大部分教授人力资源管理课程的老师都没有人力资源管理的实战经验，学生也难有机会全面了解企业人力资源管理的真实面貌，这套书把企业实践搬到师生眼前，虽不能代替调研和实践，却能让师生离企业更近。对高校的教学活动而言，这套书是很有价值的参考资料。

高境界的管理要做到知行合一、科学性与艺术性的有机统一，在这套"老 HRD 手把手系列丛书"里，我非常欣慰地看到了这一点。这同时也启发各位读者：尽信书不如无书，要将他人的经验和自己的实情相结合。人力资源管理有科学和普遍的成分，也有艺术和特殊的成分，把先进企业的经验作为铺路石去开拓自己的路，才是正确的做法。本书的价值在于告诉读者要做什么、怎么做、为什么做，至于是不是自己做、做到什么程度，则没有标准的答案。

中国企业的转型升级已经进入了关键阶段，人力资源管理在未来必将扮演越来越重要的角色。祝愿中国企业的人力资源管理能伴随企业的改革发展达到新的高度！祝愿中国的人力资源管理同仁薪火相传，打造一支能被企业领导和员工高度信赖的专业队伍，共同让人力资源成为中国企业决胜商场的第一资源！

——清华大学经济管理学院

领导力与组织管理系副教授

曲庆

CONTENTS | 目录

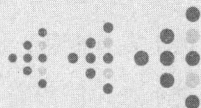

第 **1** 章

新手上路

——全面认识招聘管理

招聘都有哪些奇葩"路障"？

企业如何有效明确招聘目标?

如何分段界定招聘控制程序?

招聘过程通常要分几个阶段?

招聘控制程序包括哪些内容?

把合适的人放在合适的位置上，发挥应有的价值是企业对人力资源的最终期望，然而在诸多企业里，人力资源部门是出力不讨好的部门，老板不满意，员工多有抱怨，作为人力资源关键模块的招聘环节，更是如此：需要的人总是进不来，任务完不成全因没招来人，招来的人不适岗，新进人员贡献的内外差异落差……对于招聘，有来自用人部门的期待与无奈，还有来自应聘者与同行业者不同视角的对待。

01 正视不同"路障"

"路障"一，用人部门的期待与无奈：人力资源部门招个人怎么就那么慢？推荐的人选总是有那么点不尽如人意，有没有清楚我们的诉求？这完不成任务全因人力资源部没满足我的人力需求。

"路障"二，应聘者的期许与信任：负责招聘的某经理在谈到应聘者的期待与招聘回应上的矛盾时，讲述了这样的招聘经历：一次在厦门宾馆的中高级人才专场招聘会现场，一位应聘者进来就问："你们老板来了吗？"当确认回复说老板没来时，应聘者追问了句："你们是人力资源部的？"经理一脸热情地点头，连声问其想应聘什么岗位时，应聘者扭头就走，当经理追出几步想进一步请教应聘者时，得到的是应聘者一脸不屑地扔出的一句："我不相信你们！我老婆就是做人力资源的。"

"路障"三，同行业者的好奇与搅局：M 曾经历过一次"奇葩"的招聘经历。那一次，M 跨区域参加南方某大型专场招聘会，刚开始，包括质管、财务等一些需求岗位，被有序地一个接一个的应聘者来访，忙活了一上午，在招聘单位人员就餐时，意外地发现上午来应聘的那一票人原来是新扩张的一家竞争企业的招聘团队。

……

此外还有诸如媒体报道的企业不规范招聘、假招聘（走过场）、招而不聘等"小算盘"行为，无不考验人力资源从业者的素质，无论来自哪个角度的看法，呼唤企业选人的专业性、规范性是一致的。

招聘难，还"路障"重重，作为 HR 新手一个，该如何"上路"？如何练就一双"慧眼"，于茫茫人海中揽才、识才？毋庸置疑，"高手"都是从"新手"走过来的！

H小贴士
uman Resources 破解路障在于从业者的责任、心态，"上路"从换位思考开始，尊重人才、正视竞争环境，不成为类似路障的盲从者，打消"小算盘""顺风车"等只重眼前利益的行径。正所谓"己所不欲，勿施于人"。

02 | 常见用人"雷区"

正视路障的同时，还应了解企业用人方面的现状，如是否存在很多管理误区。常见典型用人"雷区"如下：

"雷区"一：迷信"名企"，活水不"活"

部分企业总是相信知名企业培养出来的人能"复制"小企业不可企及的先进管理模式，却没有去认真评估分析一下自身企业所处的发展阶段，与之匹配的现状、环境、团队文化等综合情况和知名企业有没有近似之处？是否具备复制的条件？另外，也没有去搞清楚"名企"人才的成功案例是依托在什么样的平台上取得的？成员间的配合成熟度与自身企业团队的差异性等客观情况。多数"名企"出来的人已经高度适应了标准化与流程化的工作环境，在进入流程不畅的非标准化的环境后会处处碰壁，可能会带来诸多矛盾与内耗。

如果把这"名企人才"称为"活水"，则自身企业现状机制即承载活水的

"渠"道，机制不健全，即"渠"不通则不具备承载活水的能力，再多的"活水"最终只能汇聚成一潭"死水"。

"雷区"二："蜜月期"错觉

在南方某知名企业工作的曲先生，在福建某同业中型企业的老板近一个月的求贤电话攻势下，加盟了福建这家企业，任副总。入职当月，老板大有要退位让贤的架势，公司"老臣们"也大力支持曲先生的工作，让曲先生大有遇知音、遇贵人的感觉。第二个月，曲先生继续在这样的环境下怀着感恩的心情忙碌工作着，可从第三个月开始，曲先生主动找老板的时候越来越多，因为碰到的问题越来越多了。最终，老板认为曲先生能力不足而辞退了他。原来是老板与新人的"蜜月期"过了！曲先生错把"蜜月期"看作工作"顺境常态"，自然是错过了真实环境的工作适应期。"蜜月期"给员工、企业、团队带来的是诸多内耗与机会成本的损失。

"雷区"三：用人疑人，疑而无方

"用人不疑，疑人不用"的古训，已经为众多企业实践改良为"用人也疑，疑人也用，只是边用边疑"，而如何在用人过程中"疑"，关键在于有没有健全的制度，用制度规则防微杜渐，方法引领与制度约束同步，而不是在心态上的"疑"人，行为上的"盯"防。没有制度约束与规范的一些用人单位直线经理们在与新人建立信任关系期间，常常是靠直觉掌握所谓的"度"，由此产生的问题有：要么是干脆不用"能人"，强调听话就好；要么是不放手、不授权，事无巨细，让新人无所适从，导致新人将问题上交或因不适应而离开。

"雷区"四：重用"旁观者"

有一类新员工，环境适应能力较强，人际关系处理也相对圆滑，但论成绩没有突出表现，在工作中从不出差错，善于对组织中别人的错误洞察秋毫，上下左右原因也分析得头头是道，始终像个"旁观者"，而组织需要的更多的是解决问题的能力与团队协作的行动力。

了解诸如此类的"雷区"，便于后续招聘乃至人员进用过程中的把控，降低盲目乐观预期，"避雷且不埋雷"。

03　明确招聘目标

对于招聘的定义我们并不陌生，即指企业为了发展的需要，根据人力资源规划和工作分析的要求，寻找那些有能力又有兴趣到本企业任职的人员，并从中选出适宜人员予以录用的过程。

对于人力资源从业者，企业的招聘目的必须明确，只有明确了目的，才能找到清晰的目标。诚然，招聘的最终目的不外乎弥补企业人力资源的不足，但具体来看，招聘目的一般源自以下因素：

（1）产能扩充或管理辐射区域加大，现有的人力资源总量不能满足各岗位的总任务目标，需要补充人员。该情况常见于成长或高速成长型企业，对人员的需求有明确的内部标杆可循。

（2）企业新开拓、新规划业务单元的人员需求。该情况常见于创业初期或转型中的二次至多次创业期的企业，内部挖潜明显不足，需要向外招聘关键岗位人才。

（3）企业或岗位的生产技术、工艺流程发生重大变更或管理变革带来的对人力资源的升级汰换的可能需求。该情况常发生于企业发展到更趋于成熟稳定时期，以追求效能为目标的阶段，该阶段对人才的需求是以打破常规的创新能力人才为主，人才需求标准需要进一步调整。

（4）企业相关岗位正常流动产生的职缺需要替补。岗位流动产生的职缺在任何阶段都有可能发生，重点在于及时发现职缺发生的原因，分析流动因素并制定针对性对策，严防那些不可控因素，以免造成重复招聘或人员大进大出。

04　了解招聘程序

说到招聘程序，这里借网络广为流传的一则《捕鼠科长的招聘》故事来启发思考，故事的内容是这样的：

有一个农场，因捕鼠科科长离职而造成场内鼠患成灾，农场总经理命令人力资源部经理："五天之内要给我招一个捕鼠科科长回来，否则你也给我走人。"

人力资源部经理接到这个指示后，回去赶紧写了一张告示，贴在了农场的大门口，上面这样写道："本农场欲招捕鼠科科长一位，待遇优，福利好，有意者请来面试。"第二天，农场门口来了这么七位应聘者——鸡、鸭、羊、狗、猪、猫、猫头鹰，筛选开始。

第一轮筛选是学历筛选。鸡、鸭都是北京大学的优秀毕业生，当然过关；羊和狗是大专毕业，也过关；猫和猫头鹰是高中毕业，人力资源部经理皱了皱眉头，也过关了。结果，第一关只淘汰下来一位，那就是只读到小学二年级的猪先生。

第二轮是笔试。这当然难不倒大学本科毕业的鸡和鸭；羊因为平时勤勉，也勉强过关了；狗在上学的时候不太认真，碰到这些题目有些为难，可是它在短短的一会儿时间内，已经给主考官鞠了六个躬，点了九次头，所以也过关了；猫头鹰本来是不会做的，可是它眼力好，偷看到了，所以也就抄过了关。只有猫因为坚持原则，不会做就是不会做，所以，这一轮被淘汰的只有猫一个。

第三轮是答辩。总经理、农场场主和人力资源部经理三个人坐在那里，应聘者一个接一个地进来。第一个是鸡，它一进来就说："我在学校里是学捕鼠专业的，曾经就如何掌握鼠的习性与行动方式写过一篇著作。"三个人一碰头，这个好，留下了。

第二个进来的是鸭，它说："我没有发表过什么著作，但是在大学期间，我一共发表了 18 篇有关鼠的论文，对于鼠的各个种类，我是了若指掌。"这个也不错，也留下了。

第三个进来的是羊，羊说："我没有那么高的学历，也没有发表过什么论文、著作。但是我有一颗持之以恒的心和坚硬的蹄子。你们只要帮我找到老鼠洞口，然后我就站在那里，高举着我的前蹄，看到有老鼠出来我就踩下去，十次当中应该会有两三次可以踩死，只要我坚持下去，相信有一天我会消灭老鼠的！"三个主考官被羊的这种精神感动了，于是羊也被录取了。

第四个进来的是狗，狗一进来就点头哈腰地说："瞧三位慈眉善目的，一定都是十分优秀的成功人士……"一顿马屁狂拍，三个人被拍得晕晕乎乎，狗最终也被录用了。

最后一个进来的是猫头鹰，没有高学历，没有什么论文著作，唯一的成绩就是从事捕鼠一年多来抓了五六百只的田鼠，但是既不会拍马屁，又长得恶形恶相的，一点儿都不讨人喜欢，所以就被淘汰了。

至此，整个招聘活动结束了，大家可以看到的是，真正会捕鼠的——像猫、猫头鹰，都被淘汰了。这个招聘是结束了，但是结果呢？农场鼠患未平，鸡、鸭们占据农场的重要岗位却不能发挥应有的作用。

这个招聘故事的过程对我们从事招聘工作的人员来说似乎并不陌生，甚至跟我们的日常招聘流程有着惊人的相似，不是吗？"按单抓药"式的招聘，接到招聘需求指令，抓起招聘需求单，满世界发招聘启事，然后进行筛选简历、笔试、面试等过程，似乎该有的程序都有了，问题出在哪儿呢？有人说在以学历取人，有人说在以貌取人等，而我们有没有关注到招聘的程序是否严谨，是否存在针对性及对专业的测试等重要环节的缺失呢？

如何招到企业需要的"捕鼠科长"们，需要制定完整的招聘程序。那么，什么是招聘程序呢？完整的招聘程序应该是基于岗位职能的需求设置的，分为如下五个阶段。

第一，计划阶段：承接企业发展规划（组织职能、规模、业务发展模式及未来组织职能、规模及模式等），通过人力资源现状盘点，结合工作分析，制订人员配置计划，规划企业未来时段的人员数量和素质构成。配置计划包括企业每个职位的人员数量，人员的职位变动，职位人员空缺数量等。根据配置计划，预测人员需求，形成一个标明有员工数量、技能要求、工作类别、招聘成本，及为完成组织目标所需的管理人员数量和层次的分列表。再根据人员配置计划，制订人员供给计划，即人员需求的对策性计划。其主要包括人员供给的方式（内招或外招）、人员获取途径和获取实施计划。然后是计划实施过程保障，如费用资源及人员内、外部流动政策等支持。计划阶段更多是向上战略承接及决策层面的支持。

第二，招募阶段：无论是计划内招聘还是即时招聘，都需要先针对招聘岗位分析具体需求，再根据需求选择对应的渠道，不同的渠道选择不同的载体发布招聘信息，在信息发布等待期或信息搜集时段里，还需要确定甄选标准、方法工具。该阶段从渠道选择到广告发布，再到甄选标准的确定，每一步都涉及方向性选择，方向性选择又都建立在需求清晰的基础之上，因此，需求分析越详细越好。

第三，甄选阶段：甄选从履历筛选开始，再通过电话沟通，排除一些不合适人选，再邀请意向候选人来公司参加面试、笔试，对面试、笔试合格人员进行背景调查及综合测评。甄选过程关系到人选质量把关，是招聘工作的核心环节。

第四，录用阶段：与经甄选合格人选进行定资沟通、达成一致后，发出录用通知，商定报到入职事宜，待办理完系列入职手续后，进行具体岗位安置，进入岗前培训与试用环节。自人员录用开始，即缔结劳动关系的开始，信任建立的敏感时间窗口打开，录用却恰恰是招聘工作的又一个开端，需要"以终为始"地进行风险防控及备选方案准备。

第五，评估阶段：通过对新人试用期考察，评估新人适岗匹配度，为招聘整体效果评估提供依据，通过效果评估，从人员匹配度、招聘效率、费用等结果指标分析各过程环节指标，不断优化过程、方法乃至计划源头，不断提升人力资本以发挥效能，为组织战略提供强有力的支撑。

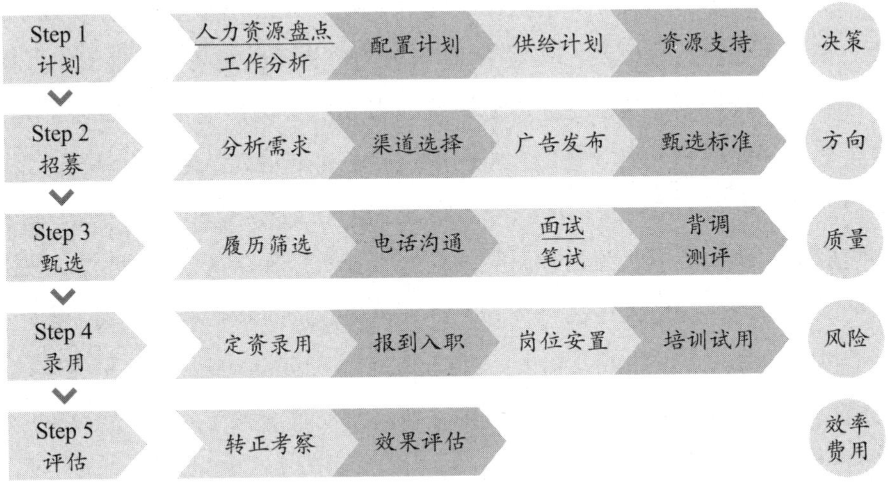

图 1-1　招聘控制程序示意图

H**小贴士**
uman Resources

招聘程序规范人员招聘行为的各个环节，关系到招聘计划的前瞻性、标准理解的准确性、策略方法的全面与科学性，其是否具备环环相扣的指导意义，也关系到后续制度、措施配套的一致性与协调性。

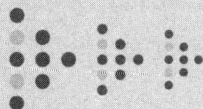

第2章

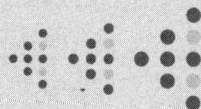

招聘需求分析

——如何甄别合理需求

招聘环境分析包括哪些内容?

资源盘点与职能分析有哪些?

招聘需求与离职原因的分析?

如何进行合理范围需求评估?

招聘需求确认应含哪些内容?

企业经营离不开大环境的影响，有些时候，抬头看天比低头赶路更重要。人力资源招聘工作者们如不了解当下的外部环境与内部情况，无异于闭上了双眼。从人力资源的角度对内部环境及外部环境的了解与分析过程，不仅是知己、知彼的过程，更是接下来的工作中与业务部门调整沟通的重要依据之一。

01 招聘环境分析

1. 外部环境

（1）经济环境。关注经济环境，包括外部整体经济趋势、区域经济环境及行业经济环境三大要素，尤其是行业经济环境，这些数据一般有公开的信息资料可以查阅，也可以通过直接调查或与外部第三方合作获得。

（2）劳动法规。关注劳动法律法规的变化，法规变化涉及工时限制、薪资与社保等影响财务层面预算的内容。

（3）行业人力资源供给信息的搜集与了解。关注行业及区域人力资源变化，特别是企业所在行业的人才获取变量环境与趋势。这些可以从企业网站、招聘网站、企业季报、半年报或年报以及同行业招聘者处做全面了解。

2. 内部环境

（1）组织战略规划及发展方向。战略规划决定发展方向，更决定人力资源的需求方向。

（2）组织文化与管理风格。不同的组织文化及管理风格，在一定程度上决定招聘进度及目标群体的选择。

（3）业务流程与部门职责分工。人力资源的需求，一定是建立在组织业务需求的层面进行匹配的，了解业务目标及部门职责对应的人员分工，与业务部门共同探讨任务周期与人力配置解决方案，从完成任务目标所需要的核心需求中提炼，并转化成人力资源的需求，将更切合实际，实现资源的有效倾斜与互补。

3. 内、外环境各因素对人力资源招聘工作的影响

在充分了解内、外部环境的基础上，将相关因素进行关联分析，结合企业战略对人力资源的要求，确定目前的问题和差距，为人力资源规划提供基础依据。例如，人力资源相关结构因素定义与解释可参见表 2-1。

表 2-1　　　　　　　　人力资源相关结构因素定义与解释

指　标	定　义	解　释
学历结构	某学历层级人数 / 总人数	反映员工知识水平
年龄结构	某年龄段人数 / 总人数	反映企业活力 / 稳健，后备队伍情况
性别结构	男（女）员工数 / 总人数	反映企业工作风格、组织氛围
职位结构	某职位层级人数 / 总人数	反映企业管理机制
职能结构	某类职能人数 / 总人数	反映企业业务结构
部门结构	某部门人数 / 总人数	反映企业组织结构
籍贯结构	某籍贯区域人数 / 总人数	反映文化区域兼容性
工作地结构	某区域工作人数 / 总人数	反映企业产业布局

企业战略与企业对人力资源核心能力需求的关联在于组织目标的关注点，对人力资源战略性问题的挑战在哪里？要解决这些挑战性问题，人力资源的改进策略是什么？例如，某制造型企业在连续的未来 5 年要实现从产能翻一番到产业链升级的目标。该目标对人力资源的战略型人才需求影响可参见表 2-2。该企业战略人才诉求及配置进度可参见表 2-3。

表 2-2 目标对人力资源的战略性人才需求影响

时段 项目	2018~2019 年	2020 年度	2021 年度	2022 年度
组织能力 关注点	产能发挥 市场快速反应	流程梳理再造 资源整合	管理升级	产业升级 风险管理
承载组织 关键岗位	生产 / 物流中高层 市场营销中高层 新品研发工程师	品牌运营人才 中坚技术管理 岗位	生产、销售经理 （中坚管理岗位）	产权保护 危机公关
岗位主要 来源	行业挖角	定向猎头渠道 引进储备人才	内部选拔	行业人才网络培 植
市场价值 （预算）	100 万 ~180 万元 / 年	150 万 ~280 万 元 / 年	200 万 ~300 万元 / 年	100 万 ~150 万元 / 年

表 2-3 该企业战略人才诉求及配置进度

计 划		达成情况（一期阶段性）
组织能力关注点：产能发挥 市场快速反应		**招聘：** 配合生产基地扩张，股份公司整体到位 2008 人，职员级及以上人员共计到位 638 人，完成年度需求的 92.73%（年度需求 688 人）。新进人员按期（含提前）转正人员 521 人，新人适岗合格率 81%，全年各岗位平均招聘周期为 31 天。核心岗位按期到位。
承载组织关键岗位	生产 / 物流中高层 市场营销中高层 新品研发工程师	**培训：** 延续依托 ELN 在线网院平台解决基本课程资源需求，以同时在线数扩大受训员工层面，通过线上和线下等多种途径，合计组织各级员工 1.8 万人次，完成了包括网络学院 7761 课时、公司内训或网院线下集训 1777.5 课时。校企合作项目如期完成。
岗位主要来源	行业挖角	
市场价值（预算）	100 万 ~180 万元 / 年	

02　组织资源盘点

盘点人力资源状况的目的是清楚地了解当期的人力资源状况，并立足当前，分析组织人力资源配置是否合理，它包括人与事的总量匹配、组织架构设置与人的匹配以及人员工作负荷的匹配，从而了解人员使用效果，并根据盘点进行对人岗匹配的评估。

1. 人力资源总量与局部变动盘点

收集历史同期与当期公司数据，内容包括：员工总量、人力资源工作人员数量、各学历层次员工数量与占比、各年龄段员工数量、各工龄段员工数量与占比、男（女）员工数量、各职位层级员工数量、各专业序列员工数量等。员工总量数据结构分类示例可参见表 2-4。岗位变动数据结构分类示例可参见表 2-5。人力资源成本数据结构分类示例可参见表 2-6。

表 2-4　　　　　　　　员工总量数据结构分类示例表

数据结构	统计类别与占比
各学历层次员工数量	初中及以下、高 / 中专职校、专科、本科、硕士及以上
各年龄段员工数量	20 岁以下、20~30 岁、30~40 岁、40~50 岁，50 岁以上
各工龄段员工数量	0~6 个月、6 个月 ~1 年、1~2 年、2~3 年、3~5 年、5 年以上
男（女）员工数量	男、女
各职务层级员工数量	副总及以上、经理级、职员级、工人级
各专业序列员工数量	研发、市场及销售、生产及生产管理、其他职能
各产业单元员工数量	各生产分部、各销售分部、其他产业
注：以上数据结构及统计类别可根据企业性质不同，灵活增减项目及分割统计类别节点，不一而论。	

表 2-5   岗位变动数据结构分类示例表

数据结构	变动类别
编制与岗位变量	新增岗位、删减岗位、新增编制、删减编制、合并岗位
晋升与转岗人员数量	管理岗位：班组长级、主任／科长级、经理级、副总级
	技术与专职岗位（按企业具体岗位名称分类）
辞职与新进员工数量	按月统计：管理岗位、研发与技术岗位、生产一线员工
年度淘汰员工数量	试用不合格员工、业绩不良员工、重大差错员工

表 2-6   人力资源成本数据结构分类示例表

项　目	内　容
工资奖金收入	税前：应发工资、月度／季度／年度资金、项目奖、其他货币奖金
津贴收入	交通、高温、伙食、通信、差旅、其他
福利	过节、员工活动、培训支出、员工体检、其他
保险、住房公积金	企业支出部分：社保、住房公积金、商业补充保险
注：可根据企业实际情况对特定问题进行说明。	

2. 各部门职能盘点分析，即人与事的匹配分析

明确各项具体化职能，使之能够执行和落实，同时可发现并纠正职能交叉、职能缺失和职能错位现象，为后续的基于职能需求的人力资源配置提供前提条件。各部门职能盘点工作需要与对应的职能部门共同完成，具体操作步骤为：先设定职能分析表，拟定并发布通知，由用人部门对照部门职责，指导用人部门主管与实际工作执行情况对标，操作范例如下：

表 2-7　　　　　　　　　　　部门职能分析范表

填写人			部门		填写日期	
职能任务		子职能分析	目前是否执行	职能差异分析	交付层面	备注
一级职能		二级职能	是/否	明确目前执行情况及差异分析	负责输出的岗位	
职责一	生产计划管理	1.参照销售月度计划/季度滚动计划，分解为各生产单位周计划或日计划	是	每月××日，××部门或基地提供×××滚动计划、周计划、日计划。满足该职能××××	计划专员	
		2.检查、督促和协助有关部门及时做好各项生产作业准备工作	否	因为××××××，建议××××。	分部经理	职能性质为：虚职
		3.				
		4.				
职责二						
职责三						
职责四						

根据部门职责说明书内容填写

缺失、交叉或错位职能:(详见图 2-1 描述)					
一级职能	二级职能	性质	职能分析描述	影响部门	涉及岗位
职责一		交叉			
		空档			
职责二		重叠			
		错位			

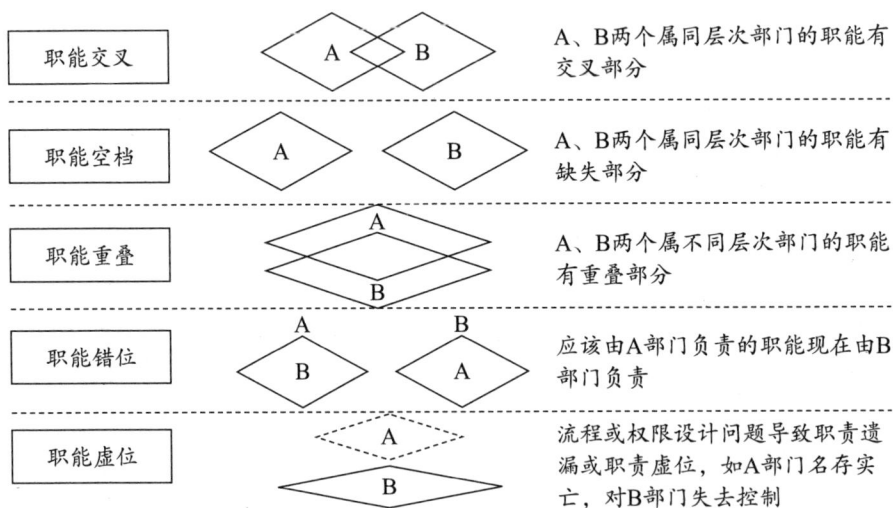

职能交叉	A、B两个属同层次部门的职能有交叉部分
职能空档	A、B两个属同层次部门的职能有缺失部分
职能重叠	A、B两个属不同层次部门的职能有重叠部分
职能错位	应该由A部门负责的职能现在由B部门负责
职能虚位	流程或权限设计问题导致职责遗漏或职责虚位,如A部门名存实亡,对B部门失去控制

图 2-1 缺失、交叉或错位职能示例图

03 招聘需求分类

企业在运营过程中,人力资源的供给始终处于变动状态,这与企业经营战略方向息息相关。如企业在扩张期,组织人力资源需求会处于旺盛期,招聘将是人力资源的重要工作;当企业处于相对稳定发展的状态下,人力资源的需求相对均衡,局部补岗以保障组织不出现局部失衡状态,是人力资源部门的工作重心之一,但招聘工作将需要更具前瞻性与精细化耕作;当行业出现大的调整或企业处于转型期,需要收缩战线时,人力资源的招聘重心将集中在

内部筛选与减员工作上。

1.基于以上不同时期，组织人力资源需求重心不同，招聘需求的产生分为四大类：

（1）员工流动产生的补岗需求。

（2）人力资源配置不合理产生的招聘需求。

（3）组织扩张带来的人力资源补充需求。

（4）工作要求变更或组织优化等因素造成现有人员胜任能力不足，需要招聘更高能力的人员需求。

除了组织扩张因素的人力资源需求之外，其他招聘需求的产生可能是综合存在的，如何对应识别与综合应对，我们可尝试从两头抓：一方面，把好出口关，通过流动数据统计与分析，对流动趋势预判，制订好补员计划；另一方面，关注组织发展方向，确定人力资源能力目前存在的问题与差距，有条件的可兼顾与行业标杆的对比，提出改进方向，综合引导用人部门进行人员的补充与升级规划。

2.员工流动产生的补岗需求最为常见，且可能是贯穿全年的工作。员工离职、调动、汰换等产生的职缺带来的需求，用人部门往往在员工有主动离职意愿时，不能及时知会人力资源部门，而人力资源部门被动接单后再去按单"抓"人，将对人员的到位周期形成较大的压力，还会引起需求部门的不满，这时就需要人力资源部门在了解流动趋势的基础上，做充足的预判。流动趋势取决于内部历史数据，数据统计口径与规则可参照同上面招聘环境分析中的流动结构盘点。另外，需要进行离职原因调查分析，重点关注离职因素中的共性部分影响，同时还应关注行业尤其是周边竞争企业的扩张动态，提前介入与用人部门的沟通。

3.做好员工离职调查。没有调查就没有发言权，开展离职调查时，除了公司开除的员工，所有离职人员均可纳入调查的范围。离职调查可以在员工来人资部领取离职表单时开展，也可以在员工办理离职手续时执行，调查采取不记名方式，员工较容易接受。

离职调查样表格式范例：

表 2-8 　　　　　　　　　　　　　员工离职原因调查表

填表日期：＿＿＿年＿＿＿月＿＿＿日

性别：＿＿＿＿　　年龄：＿＿＿＿　　职务：＿＿＿＿＿＿＿　　籍贯：＿＿＿＿＿＿＿

离职类型：A.试用期内　　　　　　　B.合同期内　　　　　　　C.合同到期

造成您离职的主要原因是什么？请在以下最符合您情况的选项上打"√"。谢谢！

1. 管理原因	A 工作时间太长	B. 车间扣款项目太多	C. 工资核算不公平
	D. 主管不公平	E. 车间没事做	F. 宿舍管理太严格
	G. 和主管沟通不良	H. 工作任务太重	I. 其他：
2. 环境原因	A. 工作环境太热	B. 工作环境噪声太大	C. 工作环境气味太差
	D. 宿舍太吵	E. 住宿条件不好	F. 其他：
3. 个人原因	A. 找到新工作	B. 结婚 / 订婚 / 相亲	C. 合同到期想换新环境
	D. 饮食不习惯	E. 自己做生意	F. 怀孕或生病
	G. 被公司辞退	H. 不习惯上夜班	I. 其他：
4. 家庭原因	A. 家里有人生病	B. 回家带小孩	C. 家里装修房子 / 建房子
	D. 家里有急事 / 喜事	E. 回家陪产	F. 其他：
5. 公司原因	若其他条件允许，是否愿意继续回公司工作？		
	A. 取决于工资	B. 取决于福利	C. 取决于企业文化
	D. 取决于提供的岗位	E. 再也不愿意回来	F. 其他：＿＿＿＿＿
6. 对公司的意见和建议：			

4. 根据调查结果做离职分析。离职分析的目的在于发现问题，找到组织流动规律与趋势，提前做好各类政策性预防及补充计划。离职分析的维度包括五个部分：第一，员工离职的基本数据，包括离职员工总数、离职类型的分类等分布数据；第二，各类型离职趋势变化，包括综合离职率与特殊群体如新员工离职率、各工龄段等变化趋势分析；第三，针对离职原因进行归类分析，

并对具代表性的离职诱因进行分析；第四，当期离职分析的总结，问题的聚焦；第五，提出改善建议，做好预防规划。以上述的调查统计口径为基础，离职分析范例详见如下案例。

【案例】某公司 2018 年 12 月离职分析报告

摘要：对 2018 年 12 月及部分全年数据进行分析发现：

（1）2018 年综合离职率普遍高于 2017 年，而新工离职率多与 2017 年保持持平或略低于 2017 年同期。这意味着：A. 我们在 2018 年对新员工流失的控制上已经有了进展；另外试用期离职率稳步下降，也为上述结论提供支持；B. 非新员工流失率正在逐步升高；对不同工龄段的离职比例进行分析，工龄 1 月~1 年、1~3 年、3~5 年的群体在全年的变化中均呈上升趋势，与上述结论吻合。

（2）低龄员工相对更容易受到外界影响；对其他群体而言，每年的 2 月、9~10 月及年底春节来临前，是离职率波动较明显的时候。

（3）在劳动量突然增加或突然减少的情况下（如 5 月、8 月等），员工对沟通方面的投诉较为集中；而在工作节奏较舒缓平和及收入需求明显的情况下（如 9 月、10 月、12 月），对薪资的抱怨比较突出；这与不同环境下员工的需求变化有关。

建议：（1）在接下来的一年里，新工工作继续保持，对待老员工，我们的重点放在"预防"上；对内外环境的变化能够做出与时俱进的判断和调整，以便为满足员工不同情况下变化的需求做铺垫；（2）在了解了员工投诉内容比较集中的时段后，我们需要提前在相关领域内加强宣导，或对管理应对方式做出调整，或引导员工使用正确的方式来疏解转移压力，总之，尽量采用提前准备、软着陆的方式，以避免矛盾爆发后员工不可避免的流失；（3）员工离职的个人原因中，就职业和适应部分我们可以从公司层面进行初步控制，而健康和家庭方面比较困难。一个完整的 EAP 系统可将这四个方面全部囊括，所以一个较权威、专业的 EAP 专家团体在某种程度上是必要的。

2018 年 12 月共计离职员工 280 人，同时参与离职调查反馈的原因有 441 条，详情如下。

一、员工离职基本情况概述

本月离职员工 272 人，其中合同期内辞职 208 人，合同期内自动离职 55 人，开除 1 人，试用期内辞职 3 人，试用期内自动离职 5 人；含股份公司 1 人，人资行政系统 2 人，营销系统 1 人，研发系统 1 人，品质环境部 9 人，生产系统 266 人。

本月收集员工离职原因调查员工意见共计 361 条，家庭原因成为主要因素（104 条），接下来是个人原因（101 条），管理原因（87 条），环境原因（69 条）。

在本月复职意向调查中，共收集反馈 78 条，7 个人选择再也不愿意回来，2 个人选择愿意回来；31 个人认为取决于公司提供的工资，23 个人认为取决于岗位，9 个人提出取决于公司的福利，6 个人认为取决于企业文化。

二、离职情况分析

2.1　综合离职率、新工离职率的常规跟踪分析

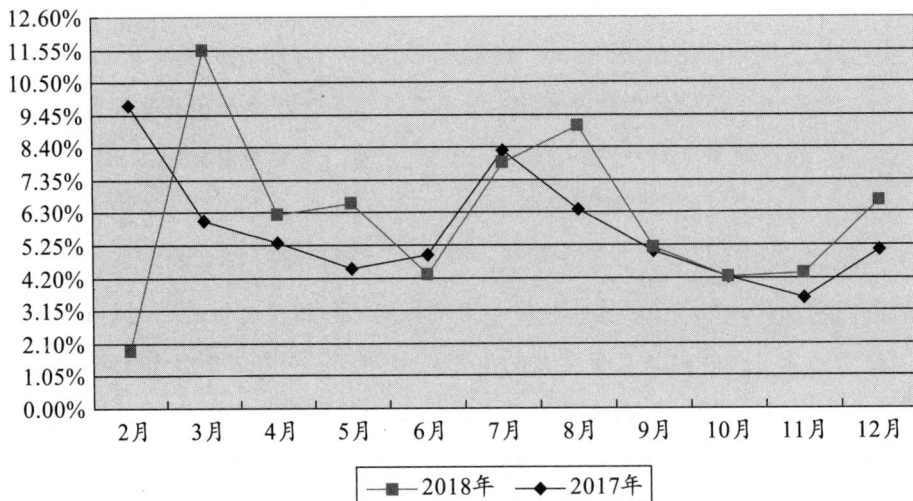

图 2-2　2017 年与 2018 年同期综合离职率

综观 2018 年综合离职率与新工离职率走势，对比 2017 年数据有较大的不同。除了个别月份，2018 年综合离职率普遍高于 2017 年，而新工离职率多与 2017 年保持持平或略低于 2017 年同期。在福建公司 2017 年与 2018 年同期人数相当的情况下，出现这种变化，可能意味着我们的非新员工流失率正在升高；这也反映出，我们在 2018 年对新员工流失的控制上已经有了进展。

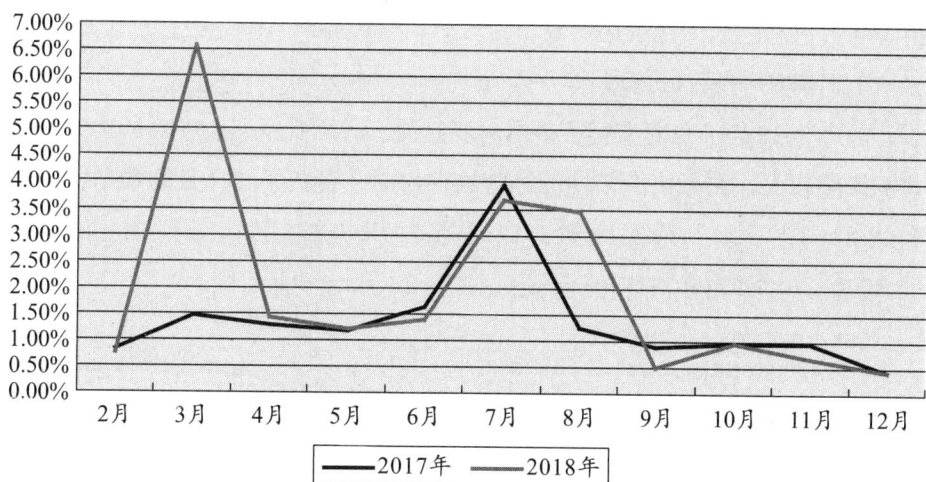

图 2-3　2017 年与 2018 年同期新工离职率

2.2　离职类型变化

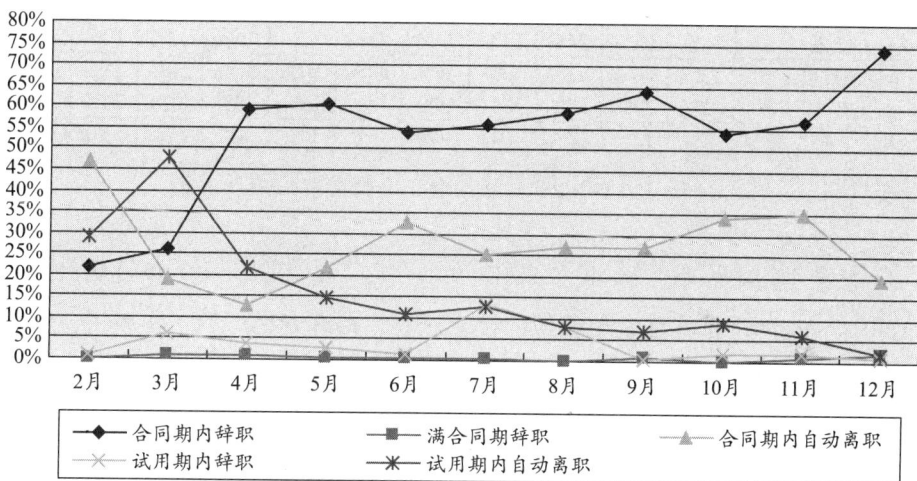

图 2-4　2018 年 2~12 月各离职类型所占比例图

从 2018 年 5 月开始，合同期内辞职与自动离职所占比例均在一定的范围内波动，直至 12 月，自动离职的比例才降到了全年最低。一方面，涉及年终奖金的发放；另一方面，临近春节，除非特殊情况大部分人员都愿意在拿到劳动所得后回家过年。越是临近重要的假期，收入对个人就显得愈加重要，在做出选择时员工也越加慎重。

除 7 月暑期工的大量涌入和流出导致试用期内辞职比例激增外，试用期内辞职与自动离职的比例都比较稳定，而且呈现逐渐下降趋势，这也是 2018 年新工工作效果提升的体现。

因自 2018 年 5 月起实行了新的离职制度，考虑到新旧制度对员工离职方式的影响较大，在做出全年性的综合性评价时，舍去了 2~4 月的数据，因此在此项目中，主要针对 2018 年 5~12 月趋势做出分析。

2.3 不同年龄段离职比例变化

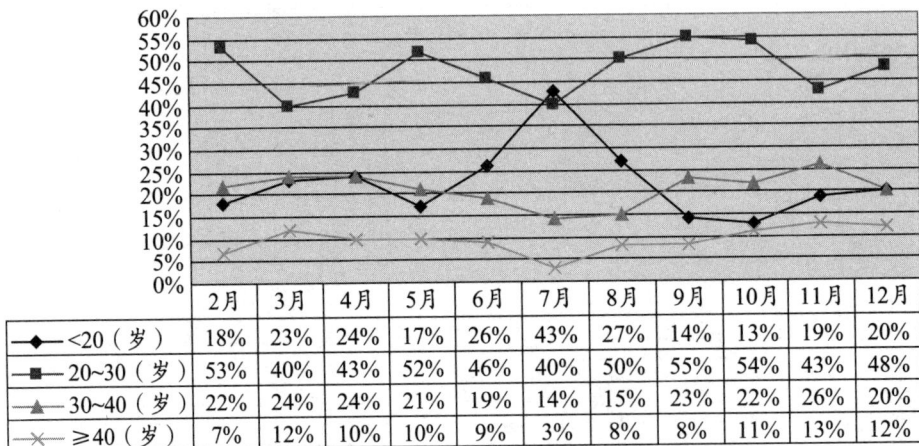

	2月	3月	4月	5月	6月	7月	8月	9月	10月	11月	12月
<20（岁）	18%	23%	24%	17%	26%	43%	27%	14%	13%	19%	20%
20~30（岁）	53%	40%	43%	52%	46%	40%	50%	55%	54%	43%	48%
30~40（岁）	22%	24%	24%	21%	19%	14%	15%	23%	22%	26%	20%
≥40（岁）	7%	12%	10%	10%	9%	3%	8%	8%	11%	13%	12%

图 2-5 2018 年 2~12 月各个年龄段离职比例趋势图

在全年的走势中，30~40 岁及 40 岁以上员工的离职比例走势呈现出显著的相似，这两个群体面临着相似的社会压力，拥有着相似的工作动机，所以可粗略将这两个群体合成一个群体。

由于 7 月暑期工的大量出入，6~8 月 20 岁以下员工的离职比例出现了一个高峰，其他时间段基本比较稳定，且下半年（9~12 月）略低于上半年（2~5 月），这可能与旺季过后车间用工需求减弱有关，也可能与气候环境变化，及上下半年务工人员年龄结构变化有关。总的来说，20 岁以下员工的稳定性相对更容易受到外界影响。

而占据着主体的 20~30 岁员工离职情况也是在较稳定范围内波动，离职曲线的波峰出现在 2 月、9 月和 10 月。根据 2018 年公司生产情况来看，这三个月都属于各个公司的用工高峰期或旺季过后，员工相对业余时间比较充裕的时期。有了时间进行思考和寻觅，加上市场提供的机会，这可能就是"90

后"员工在这三个月出现离职高峰的原因。根据 2018 年 5~11 月度离职报告中所做过的统计学相关分析，职业生涯规划是这个年龄段离职的主要原因之一，对这个年龄段的优秀人才，我们需要更加重视员工个人职业设想，并尽量帮助个人完善职业生涯设计并使之与公司需求相吻合。

2.4　不同工龄段离职比例变化

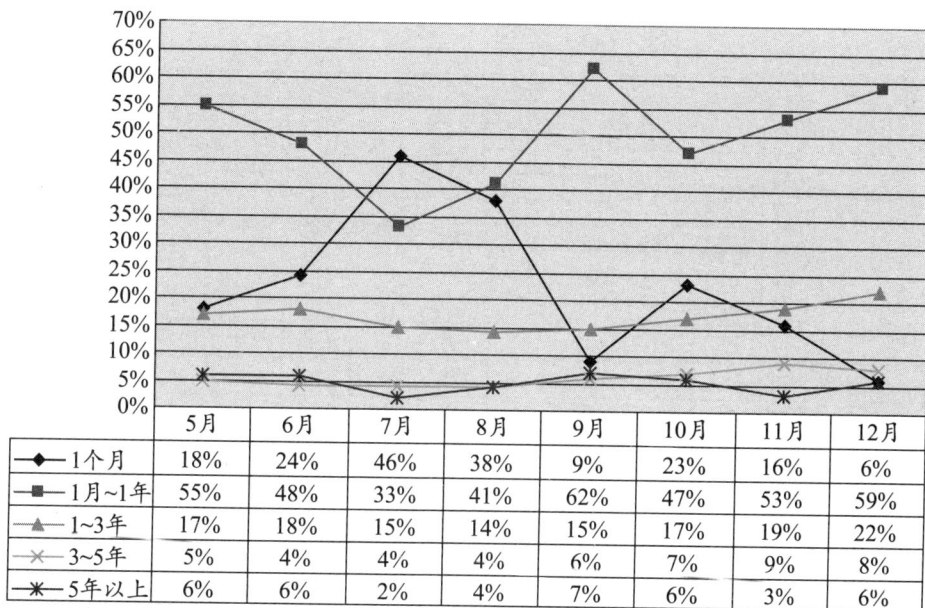

	5月	6月	7月	8月	9月	10月	11月	12月
1个月	18%	24%	46%	38%	9%	23%	16%	6%
1月~1年	55%	48%	33%	41%	62%	47%	53%	59%
1~3年	17%	18%	15%	14%	15%	17%	19%	22%
3~5年	5%	4%	4%	4%	6%	7%	9%	8%
5年以上	6%	6%	2%	4%	7%	6%	3%	6%

图 2-6　2018 年 5~12 月各个工龄段离职比例趋势图

从上图来看，工龄小于一年的员工离职率波动非常明显。1 个月内工龄的员工即新工，其离职率变化同图 2-6。而 1 个月 ~1 年工龄的员工，虽然其离职比例在 7 月和 9 月波动较大，但总体来看，所占比例还是呈上升趋势。在过去的月度离职报告中，我们提到了心理契约和心理资本的概念，入职的第一年，就是员工个人与公司互相了解适应，判断公司情况是否与个人需求或设想匹配并做出抉择的关键时期。部分岗位对个人有试用期的要求，而这一年，同样也是员工摸清公司情况的试水期。

从上图中可以看出，随时间的推移，工龄 1 月 ~1 年、1~3 年、3~5 年的群体的离职率在全年的变化中均呈上升趋势，这不得不引起我们注意。2018 年的通货膨胀，员工素质的逐步提升，都会导致员工需求的进一步上升。而当员工劳动所得与需求之间的差距越来越大时，就会导致相应群体离职比例出现范围内的稳步升高。当生活资本发生变化，员工的心理资本也会相应调整。如果我们不能够及时了解，与时俱进，在做出契约兑现时就会非常被动。

三、离职原因调查分析

3.1　离职原因月度跟踪记录

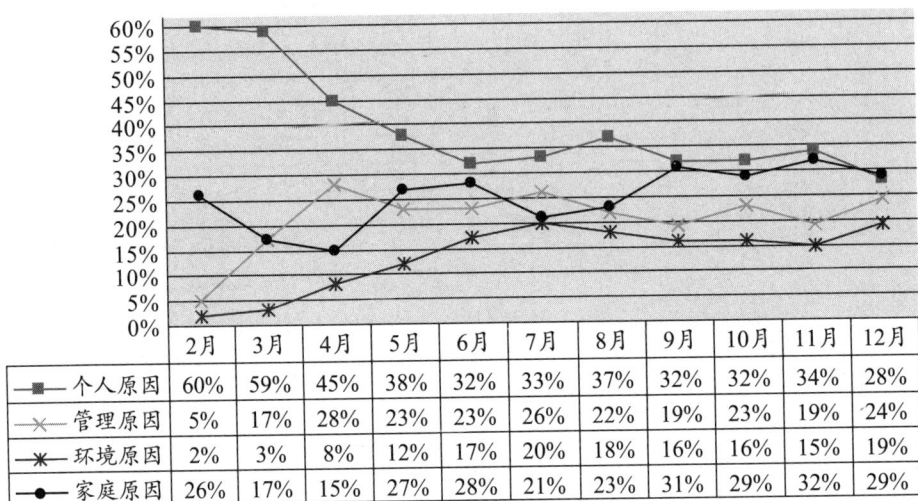

	2月	3月	4月	5月	6月	7月	8月	9月	10月	11月	12月
个人原因	60%	59%	45%	38%	32%	33%	37%	32%	32%	34%	28%
管理原因	5%	17%	28%	23%	23%	26%	22%	19%	23%	19%	24%
环境原因	2%	3%	8%	12%	17%	20%	18%	16%	16%	15%	19%
家庭原因	26%	17%	15%	27%	28%	21%	23%	31%	29%	32%	29%

图 2-7　2018 年 2~12 月员工各类离职原因所占比例变化趋势图

在所有的离职原因中，管理原因所占的比例大部分在 20%~25% 范围内波动，相对比较稳定；环境原因占比呈现出季节性变化，7 月之前逐步上升，而随着气温的下降，后半年略有下降。而随着春节来临，家庭原因在下半年所占的比例略高于上半年，但总体还是比较平稳。

12 月管理原因所占的比例又有所上升。在年底员工反映的原因中，员工有关工资方面的抱怨在 12 月相对更为强烈，在统计中，将工资因素记入管理原因，详情见下图。

3.2　管理原因详情分析

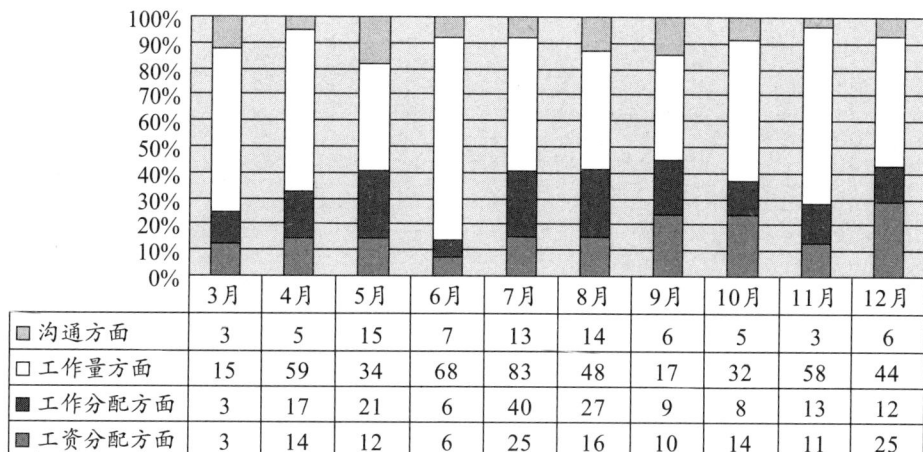

	3月	4月	5月	6月	7月	8月	9月	10月	11月	12月
沟通方面	3	5	15	7	13	14	6	5	3	6
工作量方面	15	59	34	68	83	48	17	32	58	44
工作分配方面	3	17	21	6	40	27	9	8	13	12
工资分配方面	3	14	12	6	25	16	10	14	11	25

图 2-8　2018 年 3~12 月员工离职管理原因对比图

　　12月所收到的管理原因投诉中，比较突出的是工资分配的问题。部分员工直接表达"工资太低"，另有部分员工通过对管理者的投诉来表达对薪资分配的不满。本月在工资分配方面的投诉比例激增，成为本年度最高点。在上文中提到，面临春节过年，员工手中持有的劳动收入，将会直接影响到员工休假前的幸福感，正如马克思所说，经济基础决定上层建筑。在春节这个特殊情况下，外出的打工者对收入的需求会更加明显，导致员工在临回家休假前会特别在意自己的荷包。但就整个年度的状况来讲，员工在 9 月、10 月及 12 月薪资方面的抱怨比较集中一些，这三个月相对是本年度工作强度较低，劳动量不是那么密集的时段；也是员工考虑个人职业转换的高峰期。在这种情况下，员工无疑会将个人收入与拥有机会所能提供的条件作对比，从而导致因薪资原因的离职。

　　纵观全年，工作量（工作任务重，时间长）一直占据着管理原因的主体；在劳动量突然增加或突然减少的情况下，员工对沟通方面的投诉较为集中；而在工作节奏较舒缓平和及收入需求明显的情况下，对薪资的抱怨比较突出。

3.3 个人原因详情分析

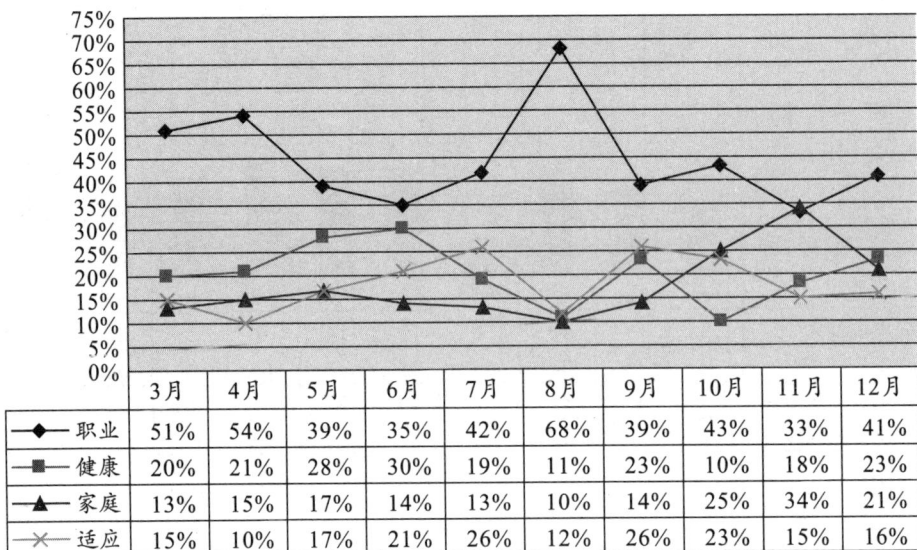

	3月	4月	5月	6月	7月	8月	9月	10月	11月	12月
◆ 职业	51%	54%	39%	35%	42%	68%	39%	43%	33%	41%
■ 健康	20%	21%	28%	30%	19%	11%	23%	10%	18%	23%
▲ 家庭	13%	15%	17%	14%	13%	10%	14%	25%	34%	21%
✕ 适应	15%	10%	17%	21%	26%	12%	26%	23%	15%	16%

图 2-9　2013 年 3~12 月员工离职各类个人原因占比趋势图

在个人原因所涉及的四个领域内,家庭和健康属于公司层面比较难控制的因素,而职业和适应方面我们可以进行一些探索,从某种程度上进行控制。由于 7~8 月暑期工的大量出入,导致职业因素(回校上学)出现了一个高峰,而整个年度基本都在一定范围内波动,且下半年略高于上半年;同样的情况也导致适应因子在 8 月出现低谷,而整体呈现"M"形走势,纵观全年,工作量的上升会引起员工不适应现象的增多,而下降亦会带动不适应现象的减少。

应对这两类情况,我们的观点是"预防大于挽留"。提前引导员工做好合理的职业生涯规划,提供全方位的入职适应引导与辅导,力图将这两类情况导致的离职率降到最低。

根据 EAP 项目的进展情况,在 2019 年,我们的工作重点将会放在将"关怀文化",可以"润物细无声"的方式铺开,引导员工更加注重自身成长,更加注重与企业的共同进步。所以在职业设计方面,我们需要为员工提供权威的、专业的指导,必要时申请外部援助;而个人适应方面,则需要各个部门的全力配合,细致落实,做到全面化。

家庭和健康是管理层面较难管控的因素，但这并不意味着我们对此完全无能为力。在一个完整的 EAP 体系中，对员工家庭结构及家属提供的支持和福利，可以从另一个角度来改善员工与家庭的关系，稳固其支持网络，促进员工个人健康，从而稳定员工心态，提高工作效率，最终达到员工与企业双赢的目的。

04　招聘需求评估

为职缺而招聘是评估需求的基本原则。

1. 需求评估内容

根据当期的人力资源盘点情况，结合人员流动趋势，进行人力资源需求预测。当业务部门在预测范围内提出人员需求时，尤其是确认有职缺时，应给予支持并积极响应；当业务部门在超预期范围提出人员需求时，人力资源部门至少要弄明白三个问题：第一，需求的岗位工作内容有没有发生变化？第二，是不是一定得招聘？第三，有没有可替代方案？如果确认第一项内容无变化，则考虑第三，找可替代方案。如果是工作内容发生较大变化，则考虑影响关联的岗位是否要减少工作内容，必要时进行工作分析并结合分析结果重新定义编制与岗位职责。

2. 招聘需求预测

招聘大体需求是可以预测的，比如通过离职分析，在历史数据中找规律，来预测近一段时期的因人员流动带来的需求。企业发展产生岗位增量的需求的部分，可以通过趋势线预测法来进行预测。

05　招聘需求确认

招聘需求确认是招聘工作中重要的一步。然而，许多企业在做招聘时往往忽视这个步骤，只要接到单就招聘。"按单抓药"式，在用人部门只强调招不来人就完不成任务的假设条件下，经常出现招不到"单"上需要的人，或者人员需求多，不知道先后缓急顺序等现象。然而，人员需求量至少与工作量及任职者的能力等因素相关。除了工作量的增加因素，在职者的能力不同、效率不同，同样的工作量，如果任职者的能力都很高，效率就高，需要的员工数量自然就少。相反，如果现有任职者的能力都很一般，必然需要更多的人。因此，就需要做好招聘前的招聘需求确认工作。

1. 招聘需求的确认要点

明确招聘需求确认的内容，应从数量、质量、时间三个维度入手。

（1）数量：确定用人部门的需求是否准确，数量是否合理，是否可进行人员调配等。此点可与招聘需求分类相结合（考虑定岗定编、公司规划等）。同时，作为专业部门，可以通过趋势线预测法（可参照本章第 4 节案例了解趋势线预测法的具体操作），对企业用人需求进行初步的预测，给用人部门指导建议。

（2）质量：确认需要岗位工作内容、工作时间等，并确认招聘岗位具体需要的工作经验 / 经历、学历、专业、年龄、技能要求、证书要求等，此处可参照岗位说明书，也可让需求部门填写具体的招聘需求申请表（可参照表 2-9）。

（3）时间：确认需求岗位目前人员配置情况，人员缺岗对工作的影响程度，招聘的紧急程度等，以确定招聘的优先级。

（4）对于新增岗位或工作内容发生变化的岗位，应进行工作分析，结合工作分析拟定岗位说明书，然后再确定招聘。

2. 招聘需求申请表

对人员需求趋势的预测有利于评估人员需求的异常及轻重缓急，为招聘准备工作打一个时间提前量。日常产生具体人员需求时，因岗位不同而异，应采取用人部门提出岗位申请的形式。招聘需求申请的内容应明确增补岗位名称、需求人数、时间及申请理由，属于扩编的则需要增加编制申请（先有编制后有岗位原则），还需要明确岗位任职资格及到位周期需求等明细要求，招聘需求申请形式还应有内部申请审批流程。

表 2-9　　　　　　　　　　招聘需求申请表

申请部门		增补岗位		需求人数		
申请理由	□扩大编制　□补充编制　□离职补充　□调动补充　□人力储备 □短期需求　□其他：＿＿＿＿＿					
岗位工作 内容简述						
任职要求	性别	□男　□女	年龄区间			
	婚姻状况	□已婚　□未婚 □不限	户籍状况	□外地　□本地 □不限		
	学历要求		专业要求			
	语言要求		技能等级（证书） 要求			
	经历 / 经验要求					
	技能要求					
	个性要求					
	其他要求					
申请审批	招聘时间	期望招聘时间：＿＿＿周 期望到位日期＿＿＿年＿＿＿月＿＿＿日		申请人		
	部门负责人意见	根据审批流程设置	签字：　　　　　　　　年　　　月　　　日			
	人力资源部意见		签字：　　　　　　　　年　　　月　　　日			
	总经理 / 总裁批示		签字：　　　　　　　　年　　　月　　　日			

H 小贴士
uman Resources

招聘需求审批依据来自详尽的需求分析，在人力资源部提交决策层审批之前，不能是单纯的签字，而应有基于详尽分析基础之上的专业建议，以及对岗位需求合理性等内容的确认，更相当于对该份"人力订单"的认领。

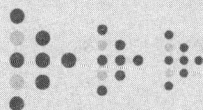

第 **3** 章

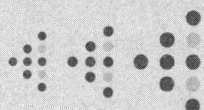

招聘制度保障

——建立内部协同分工的规则

招聘制度应该包含哪些内容?

如何进行制度意见征询颁布?

怎样进行招聘制度宣贯执行?

如何对制度进行释疑与修正?

招聘制度支持需要哪些表单?

俗话说，"没有规矩则不成方圆"。招聘工作不单纯是人力资源部的事，对内衔接涉及各用人部门。根据企业实际构建或修订规范的招聘体系，建立内部协同分工的规则，不仅能够提高企业选人效率，顺畅的流程也是对候选人的尊重，更能对外树立企业的形象。一份适用的制度无疑是招聘工作有序开展的依据与保障。

01 招聘制度制定

企业招聘管理制度一般应包括的内容有：第一部分，实施总则，即制度背景（目的）、企业招聘选人原则，约束范围界定等前缀内容；第二部分，与招聘相关的审核审批权限分工、审批流程及时限等内容；第三部分，招聘甄选程序及其规范，这部分也是制度的核心，包括招聘渠道、信息发布及内外实施流程的规范，除了要注意内部流程的顺应性，方法更应该作为招聘实施工作的指导纲要。然后还有关于录用定资、入职手续办理及试用期时长界定与试用期考察规范，当然，也有些企业的做法是将试用期管理纳入在职员工发展相关制度系列。制度内容范例如下：

1. 建立实施总则

包括：目的、原则与适用范围。例如，某企业招聘制度总则：

【范例】　×××公司人才招聘与选拔制度

第一章　总则

第一条　目的：为规范公司各层级单位的人才招聘与选拔工作。

第二条 原则：本着公平竞争、择优录用、先内后外的原则。

第三条 适用范围：适用于公司范围内所有职员级及以上人员的招聘和选拔工作，工人级人员的招聘和选拔由各生产运营行政分部参照本制度自行制订相应细则。

2. 招聘组织与职责

明确各单位人才招聘与选拔工作的职责权限和分工。从审批权限、招聘需求、报批流程、面试分工及配合要求等方面，明确各部门应尽的责任义务与规则。

在招聘审批权限界定时，先罗列企业目前所走的审批流程，是否需要实行分级管理？所存在的问题点有哪些？如何改善让流程走得更顺利些？例如，某公司对人力资源招聘审批权限实行分级管理，其所制定的审批权限如下：

【范例】 ×××公司招聘审核审批规定

第二章 组织架构与人员编制审批

第四条 依据集团审批的组织架构，各部门与人力资源部应设置合理的岗位架构和编制人数，并且在具体运行过程中不断完善。凡涉及组织架构和人员编制的设定或调整的，须呈总裁或董事长审批后执行。

第五条 需对组织架构进行调整的，部门必须填写《架构调整申请单》（附件 No.×），并提供调整前后的架构图、架构中各层级单位的目标职责定位说明、各岗位的职位说明书、岗位编制分析表及各岗位的绩效考核表。

具体程序（申请与审批流程）：由所在部门提出申请→部门经理提报，将架构调整资料送人力资源部审核后，呈总裁或董事长审批。人力资源部将审批结果反馈至申请部门，若确认调整者将由人力资源部草拟发文稿件，统一编号发文公告。

第六条 各部门如需对岗位进行变更，应提出变更申请。具体程序为：

（一）岗位增减：部门填写《岗位变更申请表》（附件 2）；如是岗位增设，还需要附上《职位说明书》（附件 3）、编制分析表（附件 4）及绩效考核表。《岗位变更申请表》由本部门经理提报、公司人力资源部长审核，呈总裁或董事长审批。

（二）岗位合并：部门填写《岗位变更申请表》、被合并岗位的原职位说明书、合并后新岗位的职位说明书、编制分析表和绩效考核表。《岗位变更申请表》应由本部门总经理提报，公司人力资源部审核，呈总裁或董事长审批。

（三）增减编制：部门填写《岗位变更申请表》《编制分析表》。《岗位变更申请表》应由本部门总经理提报、公司人力资源部审核，呈总裁或董事长审批。

第七条 审批反馈：人力资源部将审批结果统一反馈至申请部门负责人处，并对 EHR 系统进行更新。

第八条 涉及职级 / 职等变更：部门填写岗位变更申请表、变更后职位说明书。《岗位变更申请表》应由本部门经理提报、公司人力资源部审核，呈总裁或董事长审批。

第三章 招聘计划审批权限

第九条 总部各职能部门、各分支机构在编制年度预算时，必须就本部门的组织发展方向提出下一年度员工的招聘需求计划。

第十条 各部门、分支机构因工作需要，在编制计划内有人员招聘需求时，应填写《人员增补申请单》（附件 1）。

第十一条 派驻分支机构总经理和区域负责人，由隶属职能总部总经理申请或提名（提报），人力资源部审核，总裁审批。

第十二条 主任级 / 工程师级和经理级人员需由所在部门申请，人力资源部审核，总裁审批。

第十三条 职能部门职员级人员由所在分部申请，所在部门总经理审核，人力资源部审批并承办；驻外分支机构职员级人员由所在分部申请，驻地行政分部 / 直属总经理审核，人力资源部审批。

第十四条 编制外的招聘，由需求部门填写增补单并附上扩编书面报告，参照上一章节中岗位变更类型，报人力资源部审核，总裁审批后执行。

第十五条 如遇特殊情况，需要撤销或合并增补单的，由所在部门总经理级及以上人员确认。

第十六条 各级有审核审批权限领导接到下属的各项人力资源申请，必须以书面形式在3个工作日内给予回复。各部门承办人力资源招聘岗位的人员应当严格按本规定办理报批并做好各类表单报告的规范、传达及存档管理，所有批复的文件需进行编号，以便查询。

3. 招聘甄选程序

应根据招聘类别区分（如社会招聘、应届生招聘、内部竞聘等类别），从招聘信息发布、履历筛选反馈、面试把关要求、人员录用标准及入职资料规范等角度，制订对应招聘实施程序。对于招聘权限分级下放的企业，如销售团队的异地促销员的招聘，从维护企业统一形象角度，建议进一步规范沟通语言与相关证件的验证须知，有针对性地梳理形成基层岗位面试指导手册，更好地指导非 HR 人员招聘过程。

【范例】 ×××公司人才招聘与选拔规范

第一条 各部门人员招聘可选择内部和外部两大类招聘渠道：

（一）内部招聘渠道包括内部员工推荐、部门推荐、自我推荐。

（二）外部招聘渠道包括人才交流会、网络、报纸刊登广告、大中专院校招聘、毕业生实习以及特殊岗位的猎头公司委托招聘等。

第二条 各部门／驻外分公司自行参加外部招聘活动（主要指参加外部需付费的人才集市、专场招聘会等），必须遵照以下程序：

（一）提前申请，填写《外部招聘活动申请表》（附件××），由人力资源部审核后执行，若费用额度超过总经理级审批范围的，送总裁审批。

（二）驻外分支机构需参加外部人才招聘活动的，提前申请，填写《外部招聘活动申请表》，由所在基地行政分部审核后，送所在分公司总经理审批。

（三）外部招聘活动的费用报销时，附上《外部招聘活动申请表》。

第三条 招聘信息的管理：

（一）由人力资源部统一与全国性人才招聘网站签约，除总部统一签约的人才招聘网站外，各分公司根据实际情况签约区域性人才招聘网站的，需要提出申请，并经人力资源部审核和所在分公司总经理审批。

（二）内外部的招聘需求信息必须有岗位需求，填写《人员增补申请单》，并经过相应审批后方可公布。介绍公司的信息，必须统一口径。

（三）具有员工招聘权力的部门，每月 5 日前（遇法定假日或休息日时顺延）必须填写人员招聘月报，并报送人力资源部汇总；各分公司的招聘月报必须主送所在驻地负责人和总部职能部门负责人。

第四条　公司各层级单位的内外部人才招聘，原则上必须遵守以下程序：

（一）填写《人员增补申请单》，并经过相关审核审批。

（二）必要时（一般指经理级及以上岗位），招聘负责人将待招岗位的《岗位核心素质及评估方案确认表》（附件 2），与所在部门所在岗位直接上级确认，送直接上两级领导审批，并据此设计相关评估表格。

（三）内外部公开发布招聘需求信息，内部或外部人员填写《工作申请表》（附件 ×）。

（四）招聘负责人收集和筛选简历，送用人部门再筛选，由用人部门确认参加测试的候选人。

（五）确定岗位候选人测试时间及测试方式（如笔试、面试、测评等），具体详见《人才评估方法》（附件 1），必要时成立评估小组。评估成员至少应包括：人力资源部或行政分部代表、用人部门相关领导。

（六）选拔测试：选拔测试由负责招聘的人员主持，并在选拔测试完毕后，做好候选人选拔测试记录。面谈需要填写统一的《面谈记录表》（附件 3）；参与评估的人员必须对每位候选人提出评估建议并签名确认。面试操作详见《非 HR 人员面试指导手册》（附件 4）。

（七）确认录用：评估完后确认要录用的候选人，其《工作申请表》必须经过相关部门的审核审批（详见人力资源招聘审核审批规定）。

（八）通知报到及背景调查：由招聘负责人与被录用人员商定报到的日期，并通知其来司报到。对经理级及以上人员（含储备人员）、业务、技术等关键岗位人员必要时须进行录用前的背景调查，以确保候选人应聘资料的真实性。背景调查在征得候选人同意后进行，调查人应填写《背景调查记录表》（附件 ×）。

（九）异地（跨地级市）面试人员差旅费如有必要报销的，须填写《面试人员差旅费报销申请单》(附件5),经所在部门总经理审批后,附在财务原始凭证后面,送财务部门报销。面试人员差旅费原则上由负责招聘的部门承担。

委托招聘:为节约招聘费用或方便面试候选人,候选人与面试地点距离太远时,负责招聘的部门可委托候选人所在地相关人员进行初步面谈,并向其发送委托招聘的知会书(知会书上必须写明待招聘岗位的资格条件及素质能力方面的要求)。受委托的单位面谈后,填写《面谈记录表》,并由评委签字后回传,提供面谈评估记录。负责招聘的部门最终确认是否需要进一步面试;如需要进一步面试,按照招聘程序操作。

4. 招聘录用程序

制定录用通知、入职报到、入职引导等流程。

5. 试用期相关规定

分岗位明确试用期限、待遇标准、履职培训程序及转正评估流程等(更多操作规范详见后续章节)。

02 招聘制度颁布

1. 制度制定意见征询

招聘制度意见征询既是收集意见和修改完善制度的需要,也是民主公示的需要,为后续制度宣导执行过程中的共同遵守奠定基础,其步骤如下:

(1)制度初稿草拟后,先在人力资源部内部展开讨论,关注要点为能否与公司其他制度衔接良好、符合企业文化要求及劳动法相关规定。

(2)制度制定的过程一定是一个反复讨论与推敲的过程,当行文涉及相关部门流程时,更应多请教业务部门,制度文稿整体校对后,应提交各部门进行意见征询,意见征询模板如下:

表 3-1 　　　　　　　×××制度（讨论稿）意见征询表

姓名：　　　　　职位：　　　　　部门：

序号	讨论稿中的条款、内容	建议修改内容 / 意见 / 修改理由	备注

　　（3）由人力资源部主导，在各相关部门范围内传阅，征求反馈意见并进行汇总，将同类问题进行归集，意见分歧较大的以召开会议讨论方式定夺，或者提报上级主管裁定。

　　（4）制度经过若干次整理修订后，由人力资源部总经理签署，并报送总裁审批。

2. 制度颁布载体与通知形式

　　（1）制度审批通过后，由人力资源部存档并发送至各个部门及分支机构（公司），进行贯彻实施。

　　（2）由于招聘制度所有解释权归总部人力资源部所有，相关的修订亦由人力资源部负责。应提前做好解释与宣导准备。

　　（3）选择公司内网公告、张贴等形式发布制度公告。制度颁布通知范例如下：

关于颁布实施《人才招聘与选拔管理制度》的通知

各部门：

　　为规范公司各层级单位的人才招聘与选拔工作，进一步推进××××工作效能，××××用人机制等，使招聘职责流程有章可循，现正式颁布实施《人才招聘与选拔管理制度》，请各部门组织宣贯，并严格遵照执行。

　　注：各分部如有与本制度大原则冲突之处，请于一个月内提交整改方案报批或参照本制度执行。

附件 1:《人才招聘与选拔管理制度》

　　　　　　　　　　　　　　　　　　　　　　　　××公司人力资源部

　　　　　　　　　　　　　　　　　　　　　　　　×年×月×日

制度意见征询期间，为尽可能多方听取意见，人力资源部门作为制度起草的一方，在意见征询通知下发后，应在第一时间主动与制度相关方展开沟通，邀请他们尽快回复意见。

03　招聘制度宣贯

经验证明，在制度制定过程中，相关部门参与得越多，制度执行起来会更顺利。制度下达后，不是一纸公告了事，而是要进行培训与宣贯，制度的关键点有哪些？与原来没有制度前或原先制度的操作区别在哪里？生效日期与新旧衔接特征是什么？这些都需要在宣贯中提炼出来。

（1）招聘制度的生效日期以颁布日期为准，并在公司内部全面实施。

（2）招聘制度适用于公司各级人员的招聘，如果分公司人事部门存在类似相关的制度，则以招聘制度的效力为主。

（3）招聘制度下发前，相关责任人做好招聘制度学习课件和学习计划，报人力资源部总经理审核通过后开始执行此计划。

（4）制度下发一周之内，人力资源部及各分公司人事部门应组织相关人员参加培训学习，务必在 15 日之内对相关细则了解熟悉。

（5）各分公司人事部门必须严格执行招聘制度，并在每一个环节做原始记录。在每一个招聘周期完成时，组织检查，监督和明确相关责任，做好制度运行后的反馈工作。

（6）在招聘制度执行过程中，各分公司及用人部门应同实际情况相结合，如果发现部门流程遇到阻碍，可通过书面形式向人力资源部请示报批，经同意后方可灵活处理，并对此过程进行存档报备，同时在制度修订时进行完善。

04 制度释疑修正

一般制度结尾会有"附则"之类内容，如"解释与修订权限"等的规定，该项约定实际就是为制度在执行过程中，遇到未尽事项的解释权或修订权埋下伏笔。一方面，当新的制度（含修订后的制度）所规定的内容在执行中不被透彻理解或产生歧义时，就需要制度的制定方出具解释；另一方面，基于企业的发展，任何一项制度都不太可能一劳永逸，而是要根据变化作出适时修订。

1.适用制度释疑的情形案例（1），企业在招聘制度中"关于招聘需求提报"这样规定：

> 1.公司各部门在做年度工作计划时，必须就本部门的组织发展方向提出下一年度的员工招聘需求。在编制计划内有人员招聘需求时，应填写《人员增补申请单》。
>
> 2.人员增补申请流程：职员级岗位由部门主管/经理提出申请，部门总经理审核，人力资源部审核；主管/主任/经理级岗位由部门经理/总经理提出申请，部门总经理审核，人力资源部总经理审核，总裁审批。
>
> 3.如遇特殊情况，需要撤销或合并增补单的，由所在部门总经理级及以上人员签字确认。

在实际招聘过程中，若需求单位出现了新招入人员试用两个月离职，用人单位不知道该不该再次提交离职单的情况，超出了以上规定的情形，则关于人员增补单提报问题需要人力资源部释疑，内容如下：

关于人员增补单问题释疑：根据招聘流程，用人部门需先提报人员增补单作为招聘需求，经审批同意后，方可招人。人员增补单对应的是一个有需求的岗位，而非个人，所以，在提交单据后，若经审批同意，此单一直有效，直至到位合适人员。若新入职人员在试用期内离职，此增补单依然有效，无须重新提单，可直接再次招聘新的合适人员；若新入职人员超出试用期离职，则需重新提交增补单申请。

2.适用制度释疑的情形案例（2），某企业招聘制度中"关于招聘渠道"

的规定如下：

> 1. 公司的外部招聘渠道含：人才交流会、网络、报纸刊登广告、大中专院校招聘、毕业生实习以及特殊岗位的猎头公司委托招聘等。
>
> 2. 内部招聘渠道包括内部员工推荐、部门推荐、自我推荐。内部招聘实行亲属回避制。

在这两项规定中，既有允许内部推荐的授权却又有回避原则约束，实习生招聘是企业较少用到的却关系内部员工亲属推荐最多的途径，员工最为关心，因此，这就需要我们对什么情形下招聘实习生，以及内部招聘回避原则等做出释疑。而对于受众面相对较广的制度，需要的是规则的公开，这时的释疑更需要补充，可出台如下补充内容：

（1）招聘实习生问题。每年由人力资源部统一了解各部门对于实习生的需求，开展校园招聘，不适用于零星的内部推荐。校招需提前做出专项招聘方案，对实习生进行专项培养。在企业内部出现空缺的合适岗位时，优先录用实习生。

（2）招聘回避原则。公司经理级及以上岗位人员的家属（配偶、子女或亲戚）不得应聘其直接管辖部门的工作岗位，不得应聘与财物紧密关联的岗位如财务出纳、商品采购等。公司在招聘人员时，若有员工欲引荐他人入司的，只可向人力资源管理部门报名申请，但对所介绍的人是否录用无权提出异议。此原则旨在以公司利益为重，规范企业人力资源配置，防止腐败的滋生。公司中高级管理人员应以身作则，引领下属遵照执行，未能认真执行者以严重违反公司规章制度论处，并最低处以降级。

05 制度支持表单

再准确的语言描述也离不开支持表单，设计与制度流程相符的管理表单，特别是在招聘程序规范环节上，是让制度执行畅通无阻的基础抓手与保障制度落地的管理工具。常见表单清单及范例可参见表 3-2、表 3-3、表 3-4、表

3-5、表 3-6、表 3-7、表 3-8、表 3-9。

表 3-2   **常见表单及清单**

管理环节	表单名称	编号	保存年限
招聘审批	《岗位变更申请表》《岗位编制分析表》		
	《人员增补申请表》		
	《外部招聘活动申请表》		
面试过程	《工作申请表》《面试记录表》		
面试安排	《异地面试人员差旅费用申请表》		

表 3-3   **岗位变更申请表**

申请部门			直属分部（系统）				
岗位变更类型	增加岗位	新岗位名称		新岗位级别		岗位编制	
	删减岗位	岗位名称		/	/	/	/
	合并岗位	原岗位名称		新岗位名称		新岗位编制	
	增减编制	岗位名称		原岗位编制		新增编制	
	变更职位等级	岗位名称		原岗位职位等级		调整后职位等级	
变更说明（如不够写，请附附件）							
				申请人：			
申请分部意见：		上级部门总经理意见：		人力资源部意见：		总裁／董事长意见：	

表 3-4   人员增补申请单

申请部门		申请日期		申请人	
编制人数		现有人数		拟增补人数	＿人（男＿人，女＿人）
职位名称		薪资范围		希望到岗日期	
紧急程度	□ 特急　□ 急　□ 一般　□ 有合适人选再进				
增补类型	□ 扩增编制　□ 离职补充　□ 储备人才　□ 短期需求　□ 其他				
增补理由					
工作内容（若是销售系统的，请注明工作区域）					

所需条件	学历	□硕士及以上　□本科　□大专　□中专　□高中（职专或职高）□初中及以下			
	外语	语种：　　水平：□不限　□一般　□较好　□精通（等级）：			
	专业		年龄		□未婚 □已婚 □不限
	工作年限		职称		
	经验及其他要求				
	可优先录用的条件				

直属部门经理意见		上级主管单位意见	
人力资源部意见		总裁或董事长意见	

接单日期	增补需求满足记录	增补单撤销说明
	记录人：	审批人：

表 3-5   **外部招聘活动申请表**

申请部门		费用预算			
参加人员					
活动类型	□人才市场	□学校专场	□刊登招聘信息		□其他
主办单位					
拟招聘岗位及简单要求（如不够填写，可用附件）					
人力资源部/行政分部处理意见	□附属单位需要一起参加招聘活动或有其他岗位需要协助招聘。单位（岗位）名称：_____ _____ □暂时无协同招聘的需求，可单独参加。 □取消申请，理由： 1.参加效果不好；2.可以和其他已获批准的外部招聘项目合并；3._____ 签字：				
总经理/总裁意见					
备注					

表 3-6　　　　　　　　　　　　　　　面谈记录表

适用测评方法： （编号）	××岗位面谈记录表			
	日期		时间	
	地点		岗位	
面试评委			记录人	
----- 面谈记录 -----				
候选人 1				
评委对候选人的评价建议：				
候选人 2				
评委对候选人的评价建议：				
评委签字确认：				

表 3-7   岗位编制分析表

岗位名称		岗位编号		编制	
一、岗位的总工作量分析					
日常重复性工作事项			工作量描述［次/时间，管辖范围（区域、人员）］		
非重复性工作事项			工作量描述［次/时间，管辖范围（区域、人员）等］		
二、岗位工作量分配					
编制一（类）人员（共__人）		编制二（类）人员（共__人）		编制三（类）人员（共__人）	

表 3-8

异地面试人员差旅费用申请表

序号	候选人姓名	应聘岗位	起止地点	交通报销趟数	交通报销标准	住宿天数	住宿费用报销标准（¥/天）	备注说明
				□往返 □单程	□火车、汽车、轮船 □飞机（经济舱）			
				□往返 □单程	□火车、汽车、轮船 □飞机（经济舱）			
				□往返 □单程	□火车、汽车、轮船 □飞机（经济舱）			
				□往返 □单程	□火车、汽车、轮船 □飞机（经济舱）			
				□往返 □单程	□火车、汽车、轮船 □飞机（经济舱）			
申请人		招聘负责人意见				HR 总经理或部门总经理审批		

表 3-9 　　　　　　　　　　　　　**工作申请表**

申请职位：　　　　　　　　　　　　　　　填表日期：　　年　　月　　日

姓　名		曾用名		性别		身　高		体重：　公斤	贴照片处
出生年月		出生地		民族		身份证号			
最高学历		政治面貌	□党员　□团员　□群众			本人电话			
希望待遇		婚姻状况	□未婚　□已婚　□离异			E-mail			
紧急联系人		所在单位				紧急电话			
现住地址						个人特长			
户口地址						社保性质	□社保五险　□综合保险 □其他：		
信息来源	□经人介绍（介绍人：　　　）；□报纸广告；□电视广告；□招聘会；□网络；□其他								

家庭 主要 成员	姓名	称谓	年龄	工作单位	职务	家庭地址及电话

学历 教育	起止年月	毕业学（院）校	学历	专业名称	备注
	年　月~　年　月				
	年　月~　年　月				

工作 经历	起止年月	工作单位/部门/职务	薪酬	离职原因	证明人 电话	证明人
	年　月~　年　月					
	年　月~　年　月					
	年　月~　年　月					
	年　月~　年　月					

培训/ 职称 记录	起止年月	培训项目/证书名称	培训/发证机构	发证/评定日期	等级
	年　月~　年　月				
	年　月~　年　月				
	年　月~　年　月				

奖惩记录（时间、奖惩内容）			
是否有亲属在我司工作	◆姓名：　　◆称谓：　　◆工作部门：　　◆现任职务：		
是否有亲属在竞争对手工作	◆姓名：　　◆称谓：　　◆工作单位：　　◆现任职务：		
录用后何时能上班		是否同意作背景调查	□同意　□不同意
可作背景调查的咨询人	1	◆姓名：　　◆工作单位：　　◆电话：	
	2	◆姓名：　　◆工作单位：　　◆电话：	

本人声明：以上填写内容真实，如有虚假愿意接受处罚。　　　　声明人签名：

分部/直属部门经理意见：	上一级部门总经理意见：
人力资源部意见：	总裁或董事长意见：

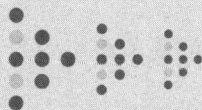

第**4**章

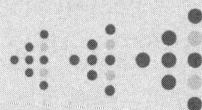

招聘计划的制订

——务必做好关键节点控制

招聘计划需求分析依据什么?

如何进行面试角色分工要求?

常规与定向流程各有何区别?

计划进度顺应季节哪些特点?

如何进行政策渠道资源配置?

如何制定合理可控预算费用?

人员招聘计划作为组织人力资源规划的重要组成部分，为组织人力资源供给提供对策性实施框架，规范了人员招聘录用工作，如供给方式、人员获取途径，到计划实施等关键节点控制，以客观的依据、科学的规范和实用的方法，保障目标达成并避免招聘过程中出现盲目和随意情形。

01 人员需求清单

1. 需求调查指导

通常情况下，企业制订招聘计划的基本流程为：HR 部门发出需求调查表—用人部门提出需求—HR 部门汇总（审核）编制—呈报高层审批。

这样的流程关键点在于用人部门的提报依据，是否经得起推敲，这也往往是 HR 部门在尽审核职能时，与用人部门常起纠纷的地方。因此，我们在做人力资源招聘计划的过程中，向用人部门发出需求调查时，应在设定一定的前提条件下指导其提报，避免其盲目提报或使计划形同虚设，这是计划形成的关键一环。

2. 招聘计划需求分析

招聘计划的制订源于对人员的需求，需求又分主动需求和被动需求。主动需求绝大多数是来源于公司的战略目标落地，至少有工作量或工作性质变动、结构优化产生的人员汰换需要等主要因素；而被动需求，是在一个相对稳定的基础上产生的流动补充的需求。

相对于主动需求的计划性而言，被动需求的"依据"更多地靠预测，依据过往流动规律，结合用人部门主管对团队成员下一阶段流动趋势的把握，制订补充计划（及减少流动因素）。根据各部门对应岗位流动概况，进行招聘预测，可参见表 4-1。

表 4-1　　　　　　　　　某企业人力资源部门流动补缺计划

20××年各岗位流动概况及下年度招聘预测一览表																			
岗位名称	编制	上一年概况				下一年度预估	招聘渠道	20××（下一年度）年待补岗位招聘进度安排												备注
		需求数	到位数	流失率	待招数			1月	2月	3月	4月	5月	6月	7月	8月	9月	10月	11月	12月	
HR部门经理	1			0%		0														
招聘主管	1			0%		0														
培训主管	1			0%		0														
招聘专员	2			0%		1	网络													
培训专员	2	1		50%	1	1	网络													
绩效专员	2	1	1			1	网猎													
专员（储备）	6	3	2			6	校招													

主动需求则需要向上承接人力资源规划，结合系统人力资源盘点，形成岗位人数的当量及变量，与未来目标素质匹配的人员配置计划；向内，立足现有人力资源状况，清楚现有任职者的能力状况和提升空间，清楚能力不足而又没有提升可能的任职者有多少，可以通过培养提升的任职者有多少，评估这两种招聘需求，对接内部选拔与培养计划。综合各部门流动因素，再看公司战略落地需要储备的人员，有没有组织扩编的任务，如有则落实在哪些用人部门等，从而形成整体的人员需求结构清单，如表 4-2，即包含岗位、人数、需求结构（需求结构决定招聘计划制订的优先级）。

表 4-2　　　　　　　某企业 2019 年人力资源需求结构一览表

部门	岗位	编制人数	2018年流动率	2019年流动指标	2019 年人力需求				
					缺岗在招人数	流动补岗需求	战略储备	扩编人数	招聘执行单位
汇总									

根据各部门岗位需求结构清单，对应各岗位人数要求，进一步明确时间进度、各岗位任职资格等要求，以确定下一年的招聘计划。内容可参见表 4-3：《××公司年度招聘计划一览表》

表 4-3　　　　　　　××公司年度招聘计划需求一览表

录用部门	招聘岗位需求				需求日期（起止时间）
	岗位名称	人数	专业	资格条件	

续表

录用部门	招聘岗位需求				需求日期（起止时间）
	岗位名称	人数	专业	资格条件	
备注					

　　年度招聘计划用于指导全年各阶段招聘工作方向，为渠道匹配、广告发布、人才搜索等赢得前置时间，在实际产生需求或出现紧急职缺时，一般以《人员增补申请单》形式，载明详尽的岗位需求及任职资格，向人力资源部门提出申请，并走组织内部的审批流程。增补单设计详见前一章节招聘制度中附件：《人员增补申请单》。

02　面试团队分工

　　招聘团队的组成结构应包括决策层、职能层与专责层级。如用人部门职能岗位提出缺岗申报、配合人员筛选面试等，可与专责部门如人力资源部负责方案的实施协调及筛选录用全程；特殊岗位或专业岗位还需要相关专家顾问参与。在各方面人员的参与下，形成专业互补、协作分工的局面，围绕如何快速有效地获得人力资源上的合理使用，提升招聘效率，才能体现考官各司其职的专业性，并能大幅度提高招聘效率。这里专责部门在招聘确认、发布信息、面试沟通、录用决策和检查评估等过程中，需要全程上下协调与沟通，以方法的可行性与成本预算的可控目标为基础，除了获得各部门的支持之外，更应注重让新入职人员的考察期平稳过渡至环境的营造上。层级分工可参见表 4-4，角色分工可参见表 4-5。

表 4-4   层级分工

层　级	分工内容
决策层	计划、方案审批，超预算审批
职能层	缺岗及要求提报、考核条件／专业问题设计、筛选配合及面试
专责部门	招聘方案实施协调、筛选及录用全程

表 4-5   角色分工

角色分工＼需求层级	职能层		专责部门			决策层	
	岗位直接上级	用人部门经理	招聘专员	招聘经理	内部专家／顾问	HRD	总裁
战略人才				协办	专业问题设置、面试	需求提报承办	审批
主任级及以上	需求提报	需求提报	承办	审核	参与筛选	审核、承办、指导	审批
职员级	需求提报	审核	承办	审核	专业岗建议	审批	——
工人级	需求提报	审核	承办	审批			
备注：需求提报部门参与筛选方案制订、专业出题或筛选实施。							

　　在招聘过程中，针对不同的岗位组成的不同面试团队成员，主要发挥在人员甄选方面的专岗／专业特长，人力资源部人员应起到主导作用，尤其是在面试环节，包括前期组织安排与协调、面试开场，中期控制现场秩序，同时对应聘者的基本素养等进行判别，后期把握面试的进程、时间、收场、综合评定等。作为关键考官的用人部门成员，需要清楚地了解自己部门所需的人员标准，对应聘者的专业技能、工作能力进行把关。必要时，可邀请其他关联部门人员一同组成招聘团队，通过上下游关注角度，对人员进行全面评价。

　　招聘团队的成员除了各司其职以外，还应接受并通过招聘面试方面的专业培训（培训内容详见第十三章节《招聘内部培训》）以满足以下要求：

　　（1）具有相关的专业知识，了解部门状况和岗位要求，清楚每一个测评指标、测评标准、问卷题目及相关的背景信息。

（2）有丰富的社会工作经验，善于观察，能客观地记录应聘者在面试过程中的各种反应，把握应聘者的特征。

（3）掌握相关的员工测评技术，能熟练运用各种面试技巧，随机应变，把握面试的发展方向，不让应聘者偏离测评指标，有效地控制面试局面。

（4）具有良好的个人品德和修养，能保持和善、公正，避免评价偏差，遵守打分规则，确保应聘者机会平等。

（5）会做相关面试记录表，如表4-6：

表 4-6　　　　　　　　　　　**面试记录表**

应聘者姓名		专业		应聘岗位	
开始时间		面试地点		结束时间	
为使面试工作更加系统化、规范化，尽量提高面试的准确性，便于进行面试后的比较、筛选工作，请您认真做好面试记录。非常感谢您的合作！					
试题一： 目的： 记录： 点评：					
试题二： 目的： 记录： 点评：					
试题三： 目的： 记录： 点评：					
临时性问题：					
面试总评：					
总评结果：□拟予录用　　　□不予录用					

面试人签字：＿＿＿＿＿＿＿＿

03 招聘流程适用

1. 常规招聘流程

通常情况下，企业在招聘制度中都有关于招聘流程的规范要求，例如：用人部门提出人员—确定人员需求—制订招聘计划阶段—人员甄选阶段—面试评估阶段—录用阶段—入职阶段。这样的流程更多地在于各阶段对内衔接要求上的规范，是从组织角度或人力资源职能角度对招聘工作规范的通用性要求，而招聘又分内部招聘、外部招聘，其流程的适用性又有所区别，在招聘计划环节需要考虑到，不同的招聘渠道对招聘流程的影响。例如，作为人力资源招聘向外作业流程中，其作业流程可作如下借鉴：

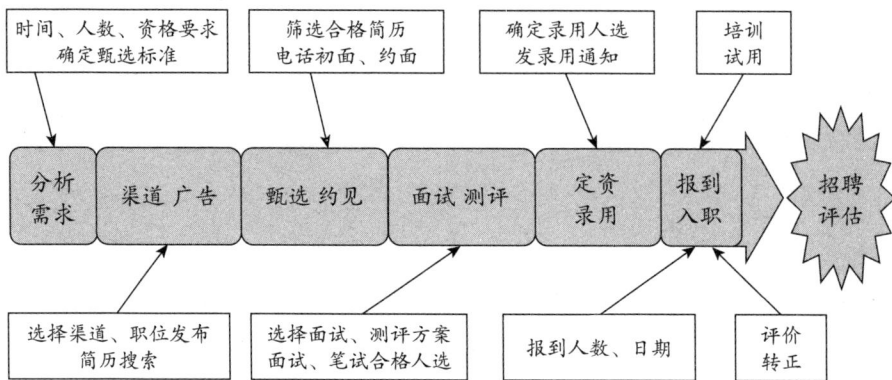

图 4-1　招聘流程图

H小贴士
Human Resources

参加现场招聘会，如区域性常规人才交流会、大型专场招聘会，一般高峰交流时间只有上午半天的时间，面试环节被直接前置，在参加交流会之前，应协调好相关专业人员同步参与，不能同步参与的则需要快速过滤简历与候选人，以招聘位置前没有第三个人等候为宜，对未尽沟通事项应做好进一步沟通衔接。

2. 定向招聘流程

相对于社会招聘流程的通用性，面向特定群体招聘如校园招聘，则需要不同的流程。在做校招计划时，除了常规的专业、人数等需求以外，执行计划与培养方案应同步进行，计划流程不能闭门造车想当然地做，计划之前需要进行大量的沟通与协调确认等工作，才能保障计划的可行性，否则将使计划赶不上变化而无法执行。面试流程紧凑型安排可分为：网上申请—校园宣讲会—笔试—群面（HR 面对有意向群体学生）—笔试 / 行测（群面表现合格者进入）—个体面试（测评合格人选进入）—录用签约（合格者），各环节应确定因素如下图所示：

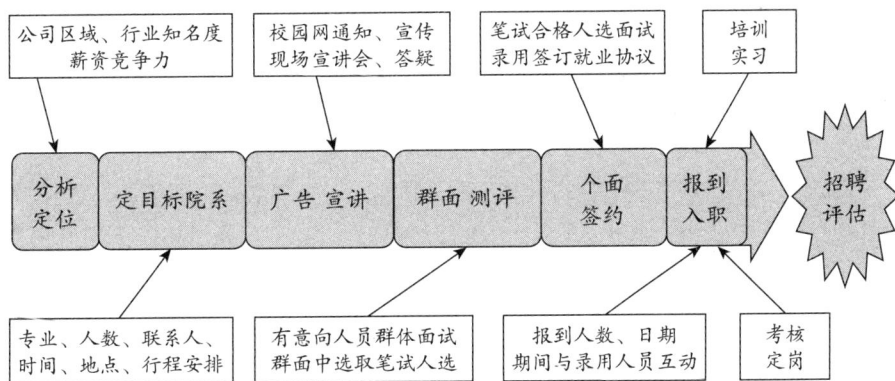

图 4-2　校园招聘流程图

04 招聘时间进度

招聘工作其实也具有季节性，比如每年的秋季是校园招聘的一个高峰，年后的春季也是离职跳槽的高峰期，招聘工作应根据公司所处的地理位置，充分考虑地域特点、企业环境、往年离职情况等，制订合理的招聘时间进度表。一般来说，招聘工作时间表，要尽可能详细，以便于他人配合。以福建某普通公司为例，他们的全年招聘时间安排大体如下。

第一季度：2~3 月为人才招聘的高峰期，将同时进行网络招聘、社会招聘和高职类院校校园招聘。充分利用现场招聘会的优势，力争招募更多的适合企业发展的人才。本阶段主要为职能部门岗位人员，同时 2015 年销售队伍缩编，人员精减，招聘需求较小，部分人员正常离职补充。

第二季度：相对第一季度，4~6 月的招聘会逐渐冷淡，将以网络招聘为主，社会招聘为辅，同时保持和部分高校的联系，争取优秀应届毕业生的录用。

第三季度：7~9 月为招聘冷淡期，将以网络招聘为主，同时准备筹备开展校园招聘。

第四季度：10~12 月为招聘高峰期，将以校园招聘为主，网络招聘和社会招聘为辅，力争获得更多的高校优秀储备人才。

招聘时间计划顺应以上规律，顺势而为之，则较容易在预定的期限内达成目标，但在整个招聘过程的把控上，应建立对应的时间轴概念，作为招聘进度对各环节的优化。例如表 4-7。

表 4-7　　　　　　　　　　招聘计划时间进度表

招聘岗位	需求日期	预拟渠道	适用流程	计划进度与实际记录（时间进度比）				
				信息发布	履历搜索	沟通面试	录用决策	进度 %

注：时间进度比为该岗位招聘进度时间与距离需求日期天数的比，通过各环节使用天数异常反馈，及时加速或调整对应环节，以保障进度。

05 招聘资源配置

1. 资源配置原则

招聘计划中资源分配的合理性，一方面要考虑企业急需的人才招聘计划，另一方面也要根据企业经营发展的需要考虑适当的人才储备计划，进行前瞻性资源储备。并根据招聘岗位的特点及要求，有针对性地选择资源来满足岗位的需求。在开展具体招聘工作时，我们需要从流程上进行把握，优化招聘资源配置，避免不必要的资源浪费，力争实现资源的最优配置。

若企业为多元化集团型的公司，建议由集团总部统筹资源，每年对各分公司的招聘数据进行计算分析，制订统分结合、总部与区域兼顾的最优招聘渠道组合方案，标准化企业宣传及配套物料、团队协作，实现快速有效地获取资源与成本预算实际可控兼顾的目标。

在不确定环境下，内部人才资源的调配与发挥也有着不可忽视的空间，明确内部用人标准的差异性，从培养角度关注其潜质，将内部可选拔空间与外部引进充分结合，从人才供给结构性、策略性、前瞻性等系统考量，采取规范化、专业化、精细化运作与管理。

2. 渠道资源配置

在渠道资源配置上，应充分考虑岗位及稀缺程度情况进行选择，如高层的岗位，选择猎头等对应高端渠道，费用相对倾斜，以招聘质量优选为原则；一般通用型人才可利用网络招聘渠道，以到位周期及时性与获取成本最优为选择；基层岗位可选择网络和人才市场、校园招聘等结合起来，多种渠道共用，以人才稳定性与高潜质为优先原则，实现合理利用招聘资源。

从投入产出角度，以各类岗位的招聘方式与招聘周期相关性等为标准，通过相关数据分析，包括：不同阶段各种渠道（包括细分渠道）的简历数量、邀约面试人数、最终录用人数等，进而计算出各种渠道的有效简历率（面试人数 / 简历总数）、录用成功率（录取人数 / 面试人数）与综合成功率（有效简历率 × 录取成功率），对以上三个指标进行周期性评估，及时优化掉产出较低的招聘渠道与方式，进而有针对性地合理分配年度招聘费用。

3. 政策资源支持

从效率优先角度，详细的薪资方案、人才试用转正管理规定、员工晋升方案等也是人力资源部门在制订人才招聘计划时必备的资源协调。在实践中，一些企业没有明确的薪资方案，而这些方案的缺失会给 HR 的招聘工作带来极大的困扰，HR 因为没有这些相应的方案来支撑招聘工作，在招聘中难以回答这些与招聘者切身利益相关的问题，从而导致人才两难选择；同时缺乏这些方案会让招聘者以及入职者感觉企业管理不规范，或是导致人难以招进和人招进来难以留住的情况发生。因此 HR 在制订招聘计划时，一定要将对应的薪酬预算纳入方案，并获取关键资源的审批。

06　招聘费用预算

招聘费用预算是企业在招聘过程中对未来一定时期内产生的招聘支出的计划。合理的招聘费用预算，是各招聘渠道畅通的前提。一般来说，招聘费用由以下几部分构成：渠道费用、工具费用、差旅费用。如表 4-8：

表 4-8　　　　　　　　　　招聘费用组成

费用类别	项　目
渠道费用	网络、招聘会、猎头、校园
	内部推荐
工具费用	面试表单印制
	招聘工具制作（宣传册、海报、横幅）
	员工手册
差旅费用	交通、住宿、餐饮

制定招聘费用预算，首先，需要确定来年的招聘目标，包括预估内部空缺人数、发展规划、往年离职人数预估来年离职情况；其次，需要根据招聘计划，区分岗位重要性，并依据岗位确定相应的渠道，如中高端岗位是否选择猎头，低级岗位选择网站、招聘会，应届生选择哪些区域进行校园招聘等。根据这两点，进行费用的预估。招聘费用预算如表 4-9：

表 4-9 20×× 年 ×× 公司招聘费用预算表

序号	费用类型		费用金额	合计	备注
1	招聘网站费用	××区域人才网	1000 元 / 年	14640 元	本地网站
		智联招聘	4000 元 / 年		销售全国人员
		猎聘网	8640 元 / 年		中高端人才
		××（城市）人才网	1000 元 / 年		本地网站
2	人才市场	××区域人才市场	300 元 / 场 ×5=1500	3200 元	若干场公益招聘会不收费
		春季、毕业季招聘会	850 元 / 场 ×2=1700		
3	招聘差旅费用（含求职者面试费用）		10000 元	10000 元	中高端人才面试差旅费用
4	招聘材料费用		1000 元	1000 元	传单、展架等
5	校园招聘专项		10000 元	10000 元	含招聘人员差旅
6	第三方费用（猎头与中介）		40000 元	40000 元	以实际产生费用为准
合计				78840 元	
招聘部门负责人编制：		人力资源部负责人审核：		总裁审批：	

H 小贴士
uman Resources

一般来说，招聘费用预算影响时间长、调整的概率少，所以考虑的时候尽量周全、仔细。但若实际情况变化较大，需及时调整，申请费用追加，否则待到年底一切已晚。在招聘费用预算范围内，尽可能地满足各部门人员需求。

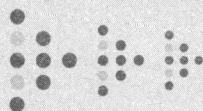

第 **5** 章

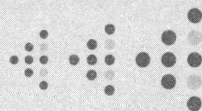

招聘渠道的选择

——不同目标对应不同渠道

人才招聘渠道分类及其特征?

各渠道优势与劣势包括哪些?

如何进行选择优化招聘渠道?

校园招聘计划实施程序要点?

如何组织开展企业内部竞聘?

企业猎头合作注意哪些要点?

招聘渠道是决定企业招聘效率的主要因素之一，不同的招聘渠道都有其独特的优缺点，契合企业自身需要的就是最好的招聘渠道。

01 招聘渠道的分类

一般传统招聘渠道包括：参加现场招聘（招聘会）、通过媒体（如报刊、电视）发布招聘信息、网络招聘、校企合作、职业中介、员工推荐、内部竞聘、猎头服务等渠道。各渠道明细如下：

1. 现场招聘

由人才交流中心、高校／院校或其他机构主办的面对面人才招聘洽谈会。

现场招聘具有效率较高、可快速淘汰不合适人选并可及时把控应聘者的数量与质量等特点。

但现场招聘会受场地租赁费用、组织主办方的宣传推广力度等因素制约，招聘时效较短，以常规的人才市场举办的招聘会为例，通常只有半天的推广时间，招聘交流高峰只有不足 3 个小时的时间。

2. 媒体广告招聘

通过报刊、电视广告或专场"秀"节目发布招聘信息。

通过报刊、电视广告形式发布招聘信息，其具有发行量大、针对性强、受众面广等优势，电视专场如"绝对挑战""职来职往"等节目形式招聘，方式多样。在招聘的同时，更是企业形象展示、宣传及选人、用人理念与应聘者择业观念的碰撞。

3. 网络招聘

通过专业的招聘网站载体或企业网站发布招聘信息。

网络招聘分以下几种：大型综合性招聘网站，如前程无忧、智联招聘、中华英才网等；一些地方区域性较强的招聘网站，一样具备其地方人力资源走向的风向标特征；企业网站是企业对外宣传的窗口，但通过设"人才加盟"链接，不需要任何费用，对关注公司的受众群体有效。

随着网络传播发展，网络求职有简历投递方便快捷的优势，具备一定文化基础的人群更愿意选择网络求职方式。

4. 校企合作

学校与企业合作的一种模式（一般以中职、高职院校为主）。

根据企业的专业需求，定制部分专业课程，组建企业定制班。该合作模式是以学生学习与实践相结合，企业将培训前置到学生的学业阶段的方式进行，是企业获取具备一定技能型人才的较佳途径。

5. 职业中介

通过职业中介所发布招聘信息（一般适用于临时流动就业群体）。

随着人才市场常规招聘频次与就业人员无门槛求职的开放，职业中介机构在减少，其更多业务投放在劳务输出与派遣业务方面，这成为企业批量招聘一线工人最快的途径。

6. 员工推荐

主要是指由公司目前的员工推荐非本公司的人员入职。内部员工推荐也是企业招聘渠道之一。

内部员工了解公司制度、文化，所推荐的新人，一般情况下都是自己了解或熟悉的人员。被推荐的人员，通常情况下基本能胜任其工作，并会因情面问题（如不能因自己原因让推荐自己的朋友受影响）而比外招的员工更努力地工作，推荐人也会因自己推荐的人员被录用而有成就感，这样可以让新老员工都有被重视感与受尊重感。

7. 内部竞聘

对内公开招聘的职位及相关要求与条件，由员工自愿申请参与竞聘，或由直接、间接主管提名，参与竞聘。

在企业里建立有效的内部招聘机制，不仅能够良好地提升员工对企业的向心力，也有利于建设学习型企业氛围，更是企业对员工价值认同的主要表现之一。内部竞聘是企业基层管理和技术岗位补缺最佳的选择。

8. 猎头服务

猎头服务实际上是职业中介服务的升级。

猎头公司招聘的目标群体是工作经验比较丰富，在管理或专业技能方面有着突出或特殊之处，或在行业或相应职位上比较难得的中高端人才，一般就职于企业中高层，有着相对稳定的工作和较称心的收入。猎头业务因其兼具求职者一定的隐秘性需求与企业定制化需求的功能，是企业挖掘核心或战略人才的较佳渠道。

02 渠道优劣分析

1. 常见招聘渠道对比分析表

表 5–1　　　　　　　　常见招聘渠道优势、劣势和适用建议

渠道类别		优　势	劣　势	适用建议
现场招聘		直接进入面谈交流环节，招聘效率较高、可快速淘汰不合适的人选	需要人力与一定费用支出，招聘时效较短	适用于通用型人才招聘
媒体广告	电视专场	直观的企业宣传	费用高	规模企业可用
	报刊广告	受众群体广，易于传播	费用较高，时效不对称	与报纸杂志主题相关的岗位可考虑
网络招聘	公司网站	零费用	关注度不够	守株待兔式，可作为应聘者了解公司的窗口

续表

渠道类别		优　势	劣　势	适用建议
网络招聘	招聘网站	可随时发布招聘信息，方便简历下载，受众面较广，简历量大，费用相对合理	履历筛选工作量大，应试率会打折扣	一般岗位发布的首选渠道，需要及时关注并回复
	专业论坛或即时通信载体	人群针对性较强	需要人长期盯着，诚信度不足	特定的专业人才适用
校企合作	定向委培	针对性较强，员工归属感强	周期较长	技能型人才储备可用
职业中介（劳务输入或派遣）		变动灵活，招聘效率较高	费用较高	一般员工岗位及企业异地用工或批量用工
猎头服务		可在短期内达成目标定位与搜索匹配	费用较高	适用于中高级定向挖掘人才
员工推荐		适应性较好	亲属关系复杂	相关技能型岗位可用
内部竞聘		适岗率较高，利于转岗，能激发内部员工竞争氛围	培训成本上升	基层管理或技术岗位。内部竞争机制的完善是关键

2. 内部招聘与外部招聘的优劣势对比

表 5-2　　　　　　　　　内部招聘与外部招聘的优势、劣势

类　别	优　势	劣　势
内部招聘	可全面了解，岗位适配性较高；提供内部晋升、转岗及员工发展空间与渠道，激发员工进取精神；使内部培训转化率得到最大回报；选择费用较低。	来源局限于内部水平，难有超预期发展；容易形成"近亲团体"，不利于知识归集与沉淀；对内部操作公允性要求较高，否则适得其反。
外部招聘	候选人来源较广，可选择空间大，有利于招到出色的人才；能带来新的思维角度、新的工作方法；节省长效的培训投资。	不了解内部情况，角色进入较慢；对候选人了解不够，可能会有招聘错用风险；内部成员提升空间受阻，积极性受挫。
选择原则：无论是选择内部招聘、外部招聘或是内外结合方式，有助于提高企业的外部竞争能力和适应能力才是最佳效果。		

03 渠道匹配的原则

鉴于企业对招聘人员的需求及应聘者层次的不同，人力资源部门在选择招聘渠道前还应对招聘对象进行分类，同时，在招聘渠道的选择上趋利避害进行优选，以最有效的招聘渠道组合方式来匹配。随着招聘渠道的供方多元化的发展，以上招聘渠道多有交叉或一个渠道载体可能会有企业需要的增值服务，这就需要我们在选择时全方位了解合作方的解决方案。

主要招聘渠道配置大体可分为以下几类：

1. 全年合作的网络招聘

将一些不受行业限制的通用型办公室职员、大行业内的一般性管理人员等流动与替代成本不高的岗位，通过选择一些综合性网站，利用其信息量大，受众不受区域限制等特点，开展常年招聘，优点是招聘信息发布可随时变更，费用也相对较低。

2. 开通一至两个专业性网站

如机械类人才、纺织类人才、食品类人才等相关针对性专业性人才在行业或专业技能、工作经验等方面针对性强的岗位，可在对应的专业网站，找到目标明确的简历，可考虑与这些行业专业网站合作较短的周期，如一个季度，从其搜索的简历的量、质与人才匹配度来评价其是否值得进一步或长期合作。

3. 与一至两家猎头公司建立稳定的合作关系

针对公司战略需求型高端人才或行业紧缺的人才，通过猎头丰富的人才搜索网络与数据库，根据企业所需要的人才特点定向猎取，同时还能帮企业对人才进行资质审查及专业测评，缩短招聘周期且招聘的职员胜任程度较高。

4. 劳动密集型企业还需要与一至两家优质劳务公司合作

企业如有跨省或更远异地用工不足 30 人的，如驻外销售机构人员，可以与一些大型优质的劳务派遣公司合作，当然现在一些大型综合招聘网站或人力资源服务公司也开展劳务派遣业务，如前程无忧、北京外企等人力资源服务公司都是不错的选择。平时一线员工的流失补充可开启内部介绍与报刊广告模式。而一线大量用工或季节性不平衡的用工则需要与当地信誉较好的劳动力中介进行合作，以作阶段性紧急用工的补充。

5. 校企合作或校园招聘渠道

可根据企业需要进行选择，对于技术性较强的基层骨干可选择定向委托培养方式，在构建外部人才蓄水池的同时也宣传了企业文化；对于管理类储备人员可在对应高校海选，采取参加校园招聘会方式或校园网招聘方式。

6. 开启内部员工介绍通道

建立内部员工介绍的激励与约束机制，明确内部员工推荐流程、激励标准及岗位回避规则。

要进行有效的招聘，HR 从业者在规划适合自身企业的招聘渠道前，除了熟悉招聘渠道特征组合以外，还应向内梳理招聘对象，根据层级、流动与内/外部供给关系进行招聘来源分析与选择，确定是内部招聘或是外部招聘，以匹配最有效的招聘方式进行招聘。

表 5-3 　　　　　　　　 **某企业一线岗位招聘渠道配置模板**

工种	适用性别	分布部门	所占比例	编制人数	在岗人数	缺编	流动趋势	增量趋势	到位周期	渠道来源
合计										
说明：										

核准：　　　　　　　　　　会签：　　　　　　　　　　人力资源部：

　　　　　　　　　　　　　　　　　　　　　　　　　　　年　　月　　日

以上数据来源可从一线车间岗位编制中获取，如表5-4：

表 5-4   某公司各车间人员定编定岗

车间/部门	岗位	工序	性别		编制人数	在岗人数	缺编	流动趋势
			男	女				
××车间	管理人员							
	××线编制产能××吨/天、现有产能××吨/天							
	××线编制产能××吨/天、现有产能××吨/天							
	合计							

续表

车间/部门	岗位	工序	性别		编制人数	在岗人数	缺编	流动趋势
			男	女				
××车间	管理人员							
	合计							

依据以上程序，进而整理形成公司级招聘渠道配置，模板如下：

表 5–5　　　　　　　　人力需求结构及招聘渠道匹配明细

类别	岗位	分布部门	编制人数	现有人数	缺编	所占比例	流动趋势	增量趋势	到位周期	渠道来源
特殊人才										
技术人才										
管理人才	部门经理									
	科长									
	主任									
	班长									
	组长									

类别	岗位	分布部门	编制人数	现有人数	缺编	所占比例	流动趋势	增量趋势	到位周期	渠道来源
职能人才										
操作层	一线操作工									
	一线搬运工									
	一线检验员									
	收 / 发货员									
	安保人员									
	后勤人员									
	司机									
合计										

04 短期职缺的应对

都说千军易得，一将难求，然而企业（特别是劳动密集型制造业）在短期需求的结构上往往是"千军"级别的基层员工。当社会人听到媒体"结构性用工荒到全面用工荒"的觉醒式呼吁声时，企业间已经以一波波涨薪潮与个性化福利政策展开了人力资源抢夺战。

组织出现人力资源的短期需求大体分为如下几类：

（1）工作任务量出现中短期波动，造成短期需求。例如，原定工作任务因故不能如期完成，需要赶交期进度；或受到原定工作任务中途调整策略的影响，需要追加工作量等情况。现实中企业可能经常碰到这样的情况。成熟的企业对于这样的中短期波动通常采取加班或人员调配来解决。

（2）行业特征导致的逆时段短缺。该情况在第三产业较为常见，比如餐饮业。

（3）结构失衡性短缺，即从人员总量上看，是满足需求的，即某些岗位有冗员，而另一些岗位又确实缺人，两者对人员技能、素质要求完全不一致，无法进行互换，这是较为复杂的短缺情况，需要对形成原因进行分析，再进行策略性应对。

（4）产业结构失衡造成的人员需求在某个时段呈井喷式增长，有典型时间规律性的也叫季节性短缺。这在制造业企业中较为常见，是人力资源部门疲于奔命原因，也是企业最为头疼的难题。

组织出现短期人员需求，是考量管理者智慧与人力资源反应能力的关键事件之一。

企业人力资源部门使尽了浑身解数，一方面向外扩大用工合作渠道与模式，劳务输入、校企合作对接、走进偏远地区招聘……另一方面向内部管理施压，人力资源管理不再能够如生产备用物料那样来得那么容易了，野蛮式管理不再适应新生代农民工等问题逐步升级，缺工部门因人的问题完不成任务而纠纷不断……一些企业的做法绑架了基层用人单位，采用下达内部员工推荐任务，人力资源部门给推介费的做法，也收到了一定的实效。

那么还有没有更好的解决方案呢？笔者也展开了一些诸如"候鸟式"用工模式及互助用工模式的探索与实践。

1. 常规应急策略

（1）加班常作为因工作任务量的波动造成人员的短期需要首选安排，但当加班还不能满足需求时，常规的做法是企业内部进行人员调配。

（2）非全日制用工形式也是解决逆时段短缺的常用手段，如商业活动中的临时促销人员、餐饮业的某一固定时段等，通过招用大学生兼职等形式，还有降低养工成本的特征。

（3）劳务派遣或任务外包为与外部第三方机构进行合作的补充形式，其中，劳务派遣对于需要变动灵活的岗位较为适用，如家政、安保等岗位。而任务外包则比较适用于批次人员缺口较大的任务，或者于第三方更专业的情况下采取。

2. 非常规应急策略

（1）在岗位需求结构失衡的情况下，会出现两个极端，一个是冗员的削减，另一个是短缺的补充。究其原因有工作分工或流程不合理造成的问题，也有员工自身如技能效率不足的可能。具体做法应是在分清原因后分而治之，如工作分工或流程不合理的可以通过工作设计、流程优化等方法解决。短缺的岗位采取逐级（如上、下游对接岗位）从内部进行平级转岗、多能工训练、跨级竞聘，并辅以对应的技能提升培训，拉动部分冗员消化，优化失衡结构，对于不能消化的短期冗员可以采取轮岗放假的形式，策略性放流。

（2）企业产业结构失衡造成阶段性短缺，有一些企业从产业布局上通过延长或丰富产品线进行弥补，但前提是与企业战略发展方向一致。产业结构失衡或行业特征下的季节性短缺情况都有一个共性特点，那就是有规律性短期缺工。在人力资源供给充足的情况下，也许这都不是问题，招聘就是了！而在市场人力资源供给不足的大环境下，虽然应对的是短期需求，却也是一年一度或几度的需求，是筹划更需要长期应对的"新常态"。

企业所在区域的用工需求问题也提升为当地政府部门深度关注的问题，有的人力资源政府职能部门深入企业了解需求，推出了从跨区域协调引导劳务输入到区域性差异化的吸引落户等兼容政策，为营造平等就业环境奠定了良好的基础。一些劳务输出大省也以劳动力资源优势成功推进企业内迁的速度。

05 校园招聘的程序

1. 第一步，需求调查阶段

搜索与企业产业、业务相关的专业院校，整理形成可供选择的表格，并拟定需求调查通知，通知格式内容可参见如下某企业 ××××年度《关于储备人才校招计划需求调查的通知》范例。

【范例】 关于储备人才校招计划需求调查的通知

各部门：

为适应公司发展需要，配合各部门优化人才结构，人力资源部拟组织校园优秀大学毕业生选拔工作。相关要求如下：

一、各部门可根据××××年度岗位编制缺岗需求，并结合内部人才梯队结构，认真填写需求，并将需求调查表于×月×日前提交至人力资源部（×××处）。

二、本次备选的目标高校以中西部二、三类院校为主，各备选高校、相关专业及课程设置情况详见附件。超出附件所列高校范围或特殊要求的，用人部门可在建议栏进行标注。人力资源部将根据区域资源集中利用原则，合并部分需求最终确定院校。选拔人才的储备方向分技术、管理两类。

三、人员选拔甄选由人力资源部全权操作，采取面试及专业测评分析工具，重在对潜能发展进行科学测量，并建立个人测评档案供用人部门培养参照。

四、本次候选人员实习到位时间分为：××××年×月报到（5月初须再次返校），7月正式到岗；及7月直接到岗两类（个别往届生可于年后3月初直接到岗）。

五、附件：附件1：《各备选高校情况一览表》；附件2：《校园储备人才需求调查表》。

【附件 1】各备选高校情况一览表：

序号	学校名称	学校性质	地点	专业	课程设置	备注
1						
2						
3						
4						
5						
6						
7						
8						
9						
10						
11						
12						
13						

续表

序号	学校名称	学校性质	地点	专业	课程设置	备注
14						
15						
……						
填报说明:						

【附件 2】校园储备人才需求调查表

| 车间／科室 | 需求岗位 | 定编人数 | 在岗人数 | 储备人数 | 储备方向 | 需求明细 | | | 目标院校 |
						专业要求	性别	学历要求	
备注:(其他要求建议)									

2. 第二步，校园招聘计划阶段

汇总合并需求，形成对岗位、需求人数、专业要求等要素的整理，与相关院校招生就业办公室进行对接洽谈，以调整并确定目标院校（在该校大型校招会开始之前，最好能争取到专场招聘或专项宣讲机会），形成完整的招聘与培养计划。详见招聘计划制订章节中某企业《××××年度校园巡回招聘及培养方案》范例。

3. 第三步，校园招聘实施阶段

无论是学校举办的大型综合性双选会还是按企业要求举办的专场招聘会，留给企业与学生面对面的招聘时间都不会太多，企业展示自身形象需要在招聘会前尽可能多地通过校园网、定点宣讲会来完成。面对面递交简历的过程尽可能快地抓取有效信息并以速记技巧体现在简历上，在交流会结束4个小时内反馈进一步交流、测试至签约决定，以及时稳定应聘学生心态。

06 猎头合作的要点

不同的猎头公司有着不同的工作程序，一般工作过程分为：分析客户需要，根据需要搜寻人才并进行面试、筛选，最后做出候选人报告供客户选择。与猎头公司合作的要点如下：

（1）全面理解客户的需要是决定能否成功找到合适的候选人的前提条件，因此，作为企业在选择使用猎头时，一定要确保猎头顾问准确地理解自己的需要，这是成功找人的关键。

（2）选择猎头公司时，需要对其资质进行考察，一般应选择背景与声望比较好的，有一定人才资源积淀和渠道来源的猎头公司。

（3）需要对人才进行区域性选择或行业局限性选择时，可找对应区域或行业相对熟悉的猎头来合作。

（4）在与猎头合作沟通期间，选择沟通领悟能力强的顾问来服务，避免与刚入行的顾问浪费沟通时间。

（5）猎头公司一般会有通用模板，但合同中约定的双方责任义务一定要明确。包括费用、时限、候选人资格、保证期承诺及后续的责任范围。例如，费用的约定：一般猎头服务费为候选岗位首年度薪资的 20%~30%，这里会有对薪资收入的范围界定，一定要注意是否与企业的结构相匹配。

（6）猎头合同范本：

人才推荐服务合同

编号：

甲方：（委托方全称）

地址：

联系电话：　　　　联系人：　　　　传真：　　　　沟通邮箱：

乙方：（被委托方全称）

地址：

联系电话：　　　　联系人：　　　　传真：××××–×××××　沟通邮箱：

鉴于甲方业务需要，特委托乙方为其推荐、寻访甲方在 ××区域如中国大陆所需招聘任何职位，双方经协商一致，达成如下协议：

1. 有效期——本协议自＿＿＿＿至＿＿＿＿有效，或者根据终止条款而提前终止。

2. 收费标准（人民币）——乙方向甲方收取的服务费标准为：推荐成功候选人的第一年总年收入的一定比率（详见下表）。计算公式为：每个推荐成功候选人的服务费 = 推荐成功候选人第一年总年收入 × 收费比率。（此计算不是用超额累进方式进行，而是总年收入在某一档次的，则全额按该档次的收费比率计算，不予分档计算）

总年收入	收费比率	担保期（详见本合同担保条款）	首期服务费	最低收费
60000 元以上	25%	12 周	10000 元	30000 元

按上述标准计算出来的款项在本合同中统称为"服务费"。若最后确定的年总收入超出上表所列范围，仍将适用原先的收费比率以计算服务费。

3. 总年收入——总年收入是指甲方第一年支付给员工的税前年度收入总额（即不得扣除个人部分社保、公积金和公司代扣代缴的个人所得税），并包含所有的薪资增长允诺、津贴（包括住房津贴、差旅／交通／着装／伙食补贴等）、佣金、奖金和福利。如果有分红（或浮动奖金）则年总收入还应包含按照候选人 100% 完成业绩目标时会得到的分红（或浮动奖金）的数额。甲方同意及时向乙方提供甲方选择的候选人所接受的最终的薪资福利待遇聘用书的副本。

4. 最低收费（人民币）——若按本合同收费标准所述计算出来的服务费高于 30000元（人民币叁万元整），则按实际计算出来的服务费收取；否则乙方仍按 30000 元（人民币叁万元整）向甲方收取服务费。即乙方向甲方收取的服务费的最低收费标准为30000 元（人民币叁万元整）。

5. 首期服务费——甲方在甲乙双方确认每一委托后，须将依照本合同收费标准计算的每一委托职位的首期服务费，在本合同付款条件约定付款时间内支付至乙方指定银行账户。此首期服务费在任何情况下都不予退还。此首期服务费在乙方完成甲方每一委托的推荐、寻访服务后，可以从依照本合同收费标准所计算出的服务费中抵扣；本合同中所述委托是指甲乙双方书面（包括但不限于下述形式：合同、协议、信件、传真、电子邮件等）确认甲方需要乙方推荐、寻访的职位以及该职位所需的关键要求。在乙方提供推荐、寻访服务过程中，甲方任何对上述委托职位所需关键要求的变更将被视为新委托的产生。上述委托为本合同的附件，是本合同的一部分，与本合同具有同等法律效力。

6. 广告——乙方将进行任何乙方认为必要的广告宣传，费用由乙方承担。

7. 担保——如果乙方推荐的候选人在担保期内因任何理由（除职位、主要职责、工作地点变化，甲方违反劳动法律法规，裁减冗员的原因外）离开甲方，同时甲方已将本合同约定的所有应付款项在本合同付款条件约定付款期内支付给乙方，则乙方负责一次免费推荐替代候选人（替代候选人服务费若超过原职位服务费的，甲方须补齐差额）。如果未找到合适的替代人选，乙方承诺甲方可将相当于该职位服务费50% 的数额，用于在 6 个月内发生的其他职位的服务费中抵扣。上述担保期的具体期限见本合同收费标准，担保期的起始日为乙方推荐的候选人受雇于甲方的首日。

8. 付款条件——甲方应在乙方付款通知或发票开具日起的下述约定付款期内，将所有应付款支付至乙方指定银行账户（见附件 A）。如果甲方付款超过约定付款期，应向乙方支付滞纳金，滞纳金的计算方式为：应付未付的费用 ×0.03%× 迟延天数（从约定付款期后的次日起开始计算直至付清款项日）。乙方付款通知或发票开具日与双方约定付款期为：

8.1　首期服务费付款通知或发票开具日为甲乙双方书面确认委托之日，约定付款期为发票或付款通知开具日起的 7 个日历天内；

8.2　广告费的付款通知或发票开具日为甲方向乙方提出广告委托之日，约定付款期为付款通知或发票开具日起的 15 个日历天内；

8.3　服务费的付款通知或发票开具日为推荐成功候选人至甲方报到之日，约定付款期为付款通知或发票开具日起的 15 个日历天内。

9. 候选人——乙方向甲方提供的推荐服务是保密的，并且甲方不应向任何第三方、组织或与其有关的人员（以下统称关联方）再行推荐。乙方向甲方推荐候选人之日起的 12 个月内，如果甲方直接聘用了上述候选人，或者甲方将上述候选人介绍或推荐给了上述关联方并导致关联方与候选人产生长期或短期的雇佣关系，甲方应无条件并及时、足额地向乙方支付依照本合同收费标准所述计算出来的服务费。在乙方接受甲方委托并为甲方提供推荐服务期间，若甲方发现乙方所推荐之候选人在乙方将其简历送达甲方之前已从其他渠道获得，则甲方应在收到乙方送达简历后的 48 小时内书面通知乙方。否则，该候选人应被认定为由乙方推荐，并当甲方确认聘用该候选人后，应及时、足额向乙方支付依照本合同收费标准所述计算出来的服务费。甲方从乙方获知候选人个人信息的（包括但不限于姓名、性别、电话、地址、电子邮箱地址、身份证号、社保账号等，以下简称个人信息），应采取合理的管理手段、技术以及物理措施保障个人信息的机密性和安全性。甲方承诺个人信息将仅为履行本合同之目的而使用，未经乙方书面同意，不得贩卖、传播、披露给任何第三方。若甲方自行获得个人信息并披露给乙方的，甲方保证这些信息均通过合理合法的手段收集和披露。当甲方违反本条导致任何第三方对乙方提出的赔偿、诉讼等主张的，甲方同意赔偿实际损失。

10. 雇主责任——尽管乙方将尽责依照甲方需求找寻合适的候选人，但甲方作为雇主应当对自己雇员的最终选择、录用、持续工作监管承担全部责任。对于推荐候选人或候选人个人原因造成甲方的损失、损坏或费用等将由甲方自行承担，乙方不承担任何相关责任。

11. 附件有效性——本合同所附任何附件，经双方签字确认后，均与主合同具有同等法律效力。

12. 条款的变更和修改——未经双方书面许可，不得变更本合同条款。

13. 合同终止——有下列情形之一的，本合同终止：（1）根据有效期条款，本合同期满的；（2）本合同签署后 60 日内，甲方没有委托乙方任何招聘职位的；（3）经任何一方提前 30 日书面通知的。本合同终止后，除担保、付款条件、候选人和雇主责任条款对终止日前提供之服务仍然有效外，其他条款自动失效。

14. 适用法律——本合同的订立、效力、解释、履行和争议的解决均受中华人民共和国法律的管辖。

15. 争议和解决——如双方在本合同执行过程中发生争议，应本着平等互利的原则友好协商，如协商不成，任何一方均可向（甲方所在地）人民法院提起诉讼。

本合同一式两份，甲、乙双方各执一份，具同等效力。

甲方代表签字：　　　　　　　　　　　乙方代表签字：
甲方代表职位：　　　　　　　　　　　乙方代表职位：
甲方（盖章）：　　　　　　　　　　　乙方（盖章）：
日期：　　　　　　　　　　　　　　　日期：

H 小贴士
uman Resources

关注猎头服务的增值与延伸。猎头服务是招聘成本较高但匹配度相对较高的招聘渠道，一般企业不会长期选用。因此，认真对待并珍惜与猎头顾问就候选人来源、猎取路径等沟通对接过程，一方面，可以了解到行业人才分布与流动趋势；另一方面，猎头公司对人才评价的角度或人才测评中心的应用会给企业招聘工作提供一定的借鉴。这虽不是写在合同里的，却是实实在在的收获。

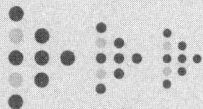

第 **6** 章

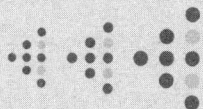

招聘方式的选择

——不同方式对应不同方法

招聘工作面临哪些痛点困境？

招聘如何厘清纷繁排除干扰？

如何针对选择信息发布载体？

如何规范书写招聘启事内容？

如何开展人才定向搜索工作？

企业内部竞聘实施方法工具

内部竞聘实施过程结果案例

有猎头公司人员抱怨一些委托方招聘负责人在与他们联系时，总喜欢问一个很外行的问题："我们现在需要招聘的人，你们公司有现成的吗？"猎头怎么可能去养着这样或那样能满足各企业需要的人呢？猎头公司与几大招聘网站的根本区别在于，它不单独靠一个庞大的人才信息数据库去完成客户的招聘任务，而是在准确把握客户招聘需求的基础上，采取行业定向挖掘、找人的办法，去找到合适的人才，特别是那些没想主动换工作的人才。企业虽不具备猎头单位那样的第三方客观角度优势及丰富的资源，但在招聘工作的方式方法上一定要懂得相关的规则与技巧。

01 | 吸引人才"招数"

1. 招聘岗位面临的困境

（1）招聘工作的痛点：HR 职场新人自被安排到招聘岗位，对于简历收集与搜索应该都不陌生，面对业务部门或上级的催问，HR 们整天忙着招聘需求的关注与回复，外部电话要约以及帮助新人走入职流程，忙得不可开交！碰上公司发展需要，一个月产生不同原因的上百个岗位需求时，1 个 Offer 甚至需要面试 3~5 个求职者，得打上百个约面电话，而这上百个值得电话联系的可能需要从几百近千份的简历中筛选出来，有校招的简历来源问题还不大，可要是需求岗位排除了校招途径的，单就这些简历该从何而来就是个难题。

（2）换个角度思考：虽然，不是每个企业都有着世界 500 强企业那样个性鲜明的用人理念、企业文化或待遇，从而不需要用太多的宣传，一样吸引着大把的行业精英们。但是，每家企业都有自己的用人理念，突出自己企业的用人理念、文化特质，能吸引价值观接近的求职者或能引起求职者的共鸣。用不了最顶尖、最优秀的人才，吸引合适的人才是一般企业可以做到的。

2. 从三只猎狗追土拨鼠的故事启示里，厘清纷乱的工作流程

都说"痛"则不"通"，如何让我们的工作变得更顺畅、专业甚至是得心应手呢？建议读者先看看这样一个故事：

一位老师在课堂上讲了这样一个故事：有三只猎狗追一只土拨鼠，土拨鼠钻进了一个树洞。这个树洞只有一个出口，不一会儿，却从树洞里钻出一只兔子。兔子飞快地向前跑，并爬上一棵大树。可惜的是它在树上没站稳，掉下来砸晕了追过来正仰头看的三只猎狗。最后，兔子终于逃脱了。故事讲完后，老师问同学们这个故事有没有问题。于是，大家七嘴八舌地讨论起来，这个说"兔子不会爬树"，那个说"狗不是瞎眼了就是灰色色盲"，还有的在质疑"一只兔子怎么可能同时砸晕几只猎狗"等，回答五花八门且不乏创意，可大家都没注意到的是"土拨鼠哪儿去了"，它才是猎狗要追击的目标！

在我们的日常招聘工作中，是不是也常常被半道杀出来的"兔子们"给搅了局，而忘了我们的工作主轴呢？如何摆脱这样的困境，让工作流畅、有条不紊起来呢？我们需要建立事半功倍的时间管理法则，建议如下：

（1）分时段分配好工作，进行时间分析，把握好生物钟，在一天中最高效时段处理最困难的事。比如，早晨上班第一件事，用半个多小时，快速浏览公司招聘网站新增的招聘信息及在挂招聘信息状态检查，做好履历分拣与关键记录工作；随后开展岗位沟通、内部反馈等工作，上午十点钟以后开展要约电话或背调工作。新人报到尽量安排到下午上班时间开始，一方面，考虑新人来企业时的路途时间需要；另一方面，有半天的时间缓冲，相关的流程基本能够走完。与候选人的电话或视频沟通尽量是约在非忙时段或是休息日或晚上七时至九时这个时段。

（2）事前计划，不要和时间赛跑，如每天下班前清理办公桌，将一天的

工作做个回顾，分清第二天的重要且紧急的工作。

（3）重要工作时段，谨防半道杀出的"兔子们"，如电话面试时段，学会拒绝，可采取外挂"面试中"的牌子，或者让办公室的门半掩着，以暗示不想被打扰。

（4）做好过程记录，不做重复的工作。

A. 对具体岗位的候选人初步筛选情况进行造表备注，可将对应的简历打包，以追踪附件的方式作为后缀附件处理，参见表 6-1。

表 6-1　　　　　×××岗位已联系候选人的具体情况表

编　号	人　选	意　向	备注信息

B. 已展开内部沟通的进行推荐状态追踪，参见表 6-2。

表 6-2　　　　　　　　×××岗位目标人选推荐状态统计表

序号	来源渠道	目前服务公司／岗位	目前状态／位置	候选人	推荐状态

C. 对月度招聘进度进行统计，为渠道优化提供依据，参见表 6-3。

表 6-3　　　　　　　　20××年××月招聘进度表

序号	空缺岗位	提报日期	累计投简历人数	简历来源				入围人数		到位人数	到位人	备注
				网络	现场招聘会	内部推荐	猎头	电话沟通	面试通知			

02 | 招聘信息发布

1. 信息发布媒体分类特征

可选择的信息发布媒体包括报纸杂志等传统媒体和网络等形式的现代媒介，招聘信息的选择需要结合媒体特点进行。比如，报纸比杂志的发行量相对要大，且能够快速将信息传达出去，适合需要招聘流动率高或需求量大的岗位；杂志发布信息的优势是接触到目标群体的概率比较大。但这两类媒体在选择时需要遵循地域优势与专业领域的卡位选择。还有，广播电视媒体信息发布能带来视听冲击，容易给人留下深刻的印象，但广告时效较短，费用较为昂贵，利用广播、电视媒体时可将组织形象宣传与招聘信息有机结合。

网络招聘信息发布具备传播速度快，受众面广且不受时间、空间限制，成本较低等优势。

2. 信息发布媒体选择应考虑因素

第一，根据媒体受众群体选择。选对受众群体比受众群体的数量更重要，这关系到有多少潜在的候选人看到信息。例如，一份专业的期刊可能比一份大众报纸受众面要小很多，但对于专业岗位的人才则更具针对性，反之，需要大量通用型岗位的广告，如果通过专业期刊发布招聘信息则一样不具备受众针对性。

第二，根据媒体的广告定位选择。应考察拟选择的媒体有没有同类的广告，有多少与自家企业需求的岗位大致相当的招聘广告。如果没有则慎重选择，因为求职者希望在相同的媒体上找到更多适合自己的职位；如果所招聘的岗位层级与自己企业需求岗位层级相差较大，也需要慎重选择，这与现场招聘按性质、层级分类集中开办是一个道理。

3. 招聘启事发布的原则

（1）避免一股脑儿地将所有缺岗的招聘启事发布到公司所有的招聘载体。内容体裁最好能依据招聘载体风格，突出重点，有选择性地匹配岗位；

（2）大型招聘网站可周期性选择企业名称加 Logo（标志）的首页加挂，进行链接。

03 招聘启事规范

1. 基础的招聘启事格式与内容

一般分为三个部分。

第一，标题部分：

简化的招聘启事标题有：中规中矩的标题"招聘启事"或"招工启事"，突出诚意态度的标题有"招贤榜""诚聘××岗位""急聘××岗位"等；突出公司名称的有"××公司招聘某某岗位"或"××公司招聘启事"等形式；以突出高薪待遇的标题有"高薪招聘某某岗位"。

第二，正文部分：招聘启事的正文需要内容具体，一般需要着重交代的事项包括：

（1）招聘方的简介，内容包括公司业务范围、公司规模、工作区域地理位置，也有的直接使用公司网站简介进行简练介绍；

（2）招聘缘由及岗位，缘由如"因业务扩张需要"等，岗位应有工作范围；

（3）对招聘对象的具体要求，包括拟聘岗位人员的工作性质、素质要求等，可参照任职资格要求；

（4）拟聘岗位人员岗位待遇：该项内容要写明月薪或年薪制、数额区间，及大项或行业差异化福利、工休标准等；

（5）应聘流程及应聘者需携带的材料。

第三，落款部分：一般在正文的右下角署上启事单位名称及发文时间，与前文呼应的可视标题设计方位，在左上角或右上角落上公司的 Logo。

2. 招聘启事的起草与设计关键点

标题的内容与展示风格是否要设计得吸引眼球，需要根据不同的发布渠道及岗位类别、目标群体的特点来考虑，可以请公司企划部门设计文案的排列组合。

正文部分中，对应聘者应尽量规避性别、种族等要求，对于年龄及工作经验，建议不要用刻板的数字式，尽量选择年龄区间及相关联工作经验，以避免相关歧视或给浏览启事的人以不良体验，这在跨国人才招聘上更为重要。

特定的（如创意型）岗位招聘启事可以尝试创意性"语言流体"，但整体招聘启事的内容应遵循事实原则，对所提供的条件不应夸大，语言简练得体而不失热情，条目逻辑清晰。

04 | 定向搜索的策略

单靠吸引法则不足以获得足够的候选人来源，正如前文中 HR 们所烦恼的一样，海量的简历从哪儿来，海投的人将同一公司所有的岗位全投一遍的也大有人在。有一种说法是，特殊人才是走"特通渠道"的，何况被招聘启事吸引来的未必是公司的目标群体，主动搜索的手段是必需的。

（1）如果是未接触过的行业或公司开拓新行业的，开启搜索前 HR 需要先了解行业，可以通过网络、行业内人员等进行基本了解。需要了解的内容包括：行业内有哪些标杆企业？拟搜索的目标属于哪一类？所服务的企业对行业内人才的吸引优势在哪儿？行业圈子里标杆企业之外的企业里有没有可能要找的目标？有没有可能跳出行业圈子来获得人才？……如果是熟知的行业，可基于积累的经验，排查数据库，找关联人员引荐，在最小的范围内进行重点突破。

（2）定向搜索范围可以是各类人才网、专业论坛、行业网站、商业网站、大众论坛、人际网络等。

（3）定向搜索的未必是完全符合企业要求的人，应明白哪些是必需的，哪些是可以降低要求的，企业需求的岗位候选人需要哪方面突出的任职资格，比如语言能力、行业经验等。搜索的难点在于确定职位匹配的重点要素，可将其作为搜索的关键字，可以先定大概的方向，如就职于哪类的企业、目前任什么职务的人。

（4）合理使用各类人才网站，获取更多有效信息。

人才网站一般都有着丰富的简历库资源，针对企业用户不同程度地开放，有些网站是限下载份数，也有的网站是采取分级提供免费与收费结合的方式，如图 6-1，这家网站提供的是，初级人才简历免费下载，初级人才与中高级人才以年薪 10 万元为界线进行分割，这样的简历来源成本还是较低的，中高端人才按合作菜单来确定免费份数，善用这些免费份数就需要有精准搜索的技巧。

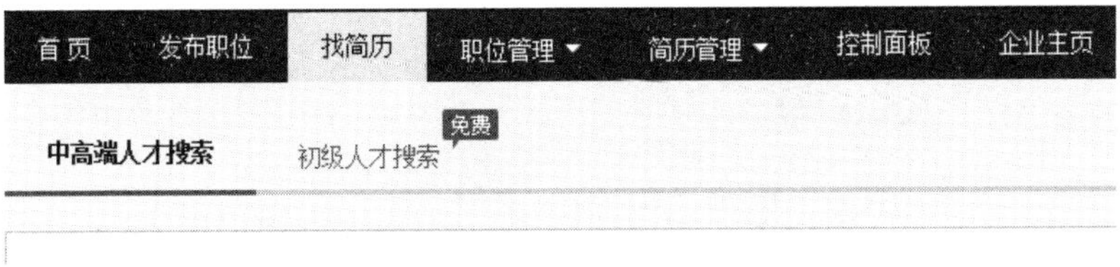

图 6-1 简历搜索

成熟的网站搜索条件的建立分得越来越细，如图 6-2 中某（猎聘网）人才网的中高端人才搜索界面。

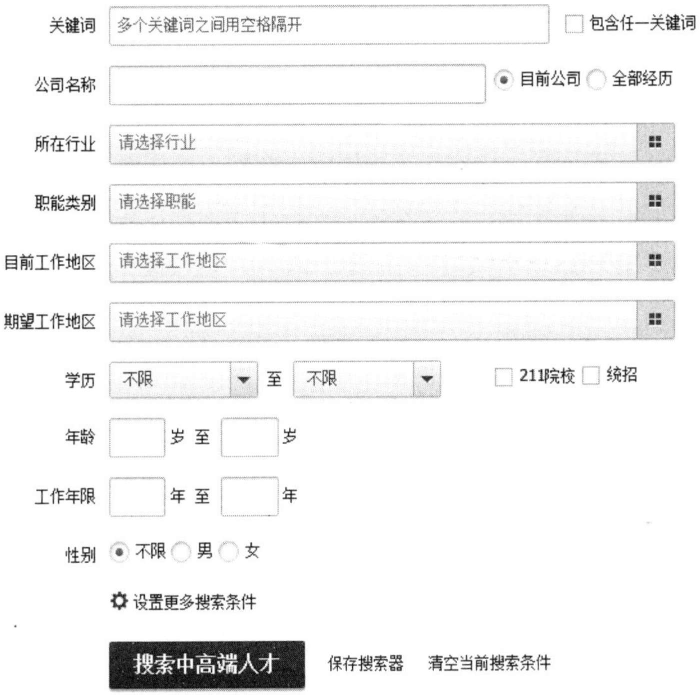

图 6-2 简历搜索界面

（5）如图 6-2，如何设置搜索条件，应关注哪些维度？

确定搜索条件设置要点。结合岗位需求，按要点的重要性排序，优先设置几个关键维度，如时间因素、地域因素、语言因素、学历因素及关键字五个方面。

搜索条件设置要点

五个关键因素

图 6-3　简历搜索关键要素

时间因素，即根据履历刷新的时间点来区分目标对象的转换工作的意愿，可分为一周内更新的、一个月内更新的、三个月内更新的及半年或是更久时间段的。

地域因素，优先考虑目标人才期望的工作地，其次是现工作地，当两个地域与公司的需要不符时，就需要进一步定义出生地、家人所在地或求学所在地等地缘情结要素，创造与公司需求匹配的地域契合点。

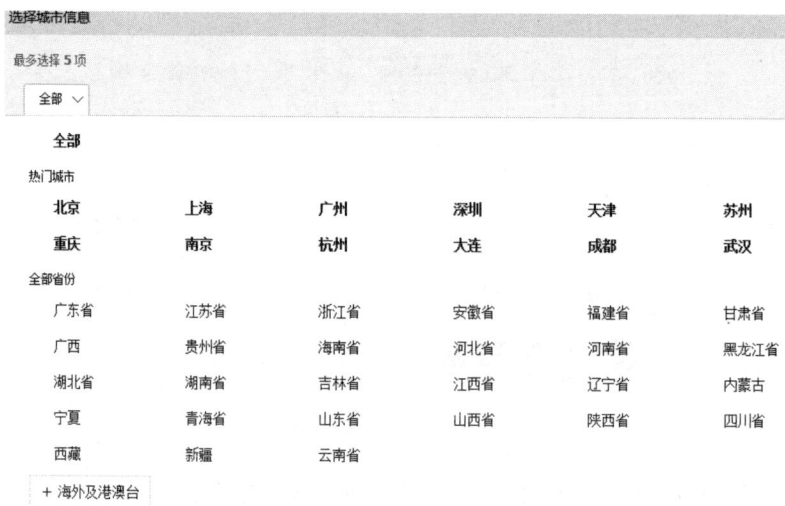

图 6-4　地域要素

　　语言因素：当岗位有硬性语言要求时，语种与对应等级、口语与书写能力是定义关键。

　　学历因素：学历因素搜索时，关注如专科、本科、硕士、博士，同时还可以加入院校和专业信息。

图 6-5　关键字要素设置

网站筛查条件还可以灵活组织，如图 6-6：

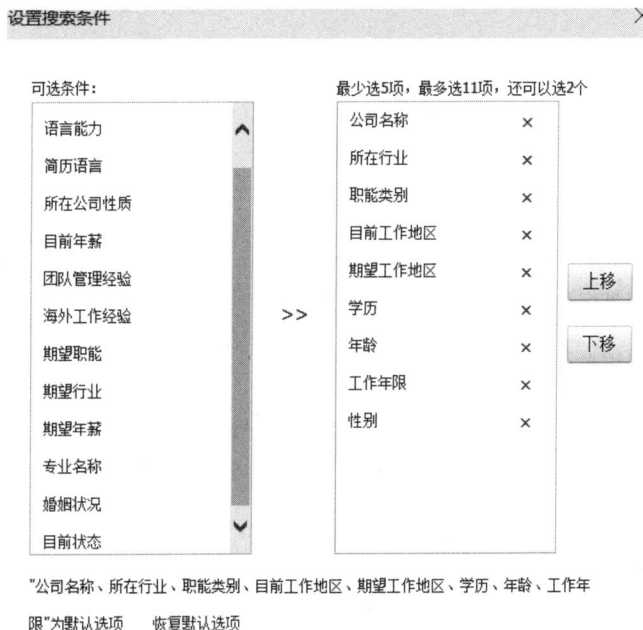

图 6-6　网站筛查条件

选择职能

最多选择 5 项

全部职能 ∨

| 高级管理 | 人力资源 | 财务 | 市场营销 | 公关 | 销售/客服/技术支持 | 法务 | 行政 | 企业信息化 |

互联网/游戏/软件		电子/通信/硬件		房地产/建筑/物业		金融
消费品		汽车/机械/制造		服务/外包/中介		广告/传媒/教育/文化
交通/贸易/物流		制药/医疗		能源/化工/环保		政府/农林牧渔

确定　取消

图 6-7　网站筛查条件：职能

（6）当传统"撒网捞鱼"式的招聘收获不佳，而招聘岗位又是个时效性很强的工作时，除了扩大渠道来源之外，不要忽略因各种原因"放了鸽子"的人，或者对当时的就职意愿不强，但业务符合度较高的人。对他们多加关注，问问他们的近况，在其遇到新的招聘需求时，你的贴近无疑是很好的信号。

05　内部竞聘的方法

内部竞聘不同于内部升迁，它通过公布拟聘岗位的要求与任职资格条件进行，参与竞聘的对象可以来自主管的推荐，更多则来自员工自愿申请。

1. 内部竞聘需要秉承的三个原则

第一，公开原则——竞聘岗位公开、任职资格公开、评委公开、竞聘结果公开。

第二，差额录用原则——参加竞聘人数应不低于 3 人；通过竞聘被录用的比例原则上不高于 1:3。

第三，回避原则——与竞聘对象存在亲属关系、直接上下级关系、其他可能影响评委公平公正评分关系的应聘者，必须在评估时回避。

2. 内部竞聘程序

内部竞聘程序分为竞聘公告、接受报名与资历审查、成立评估小组、过程实施、结果公布及收尾安抚等环节，各环节注意事项如下：

（1）竞聘岗位的公告：公告须注明竞聘的岗位名称、工作地点、工作职责、任务、基本的任职资格等。这里可以将竞聘岗位分层分类，设定不同层级竞聘主导，如：经理级及以上岗位，其竞聘公告由人力资源部负责公布，经理级以下的由所在的分部负责公布。

（2）提交竞聘报名表（表 6-5）、员工工作自我鉴定表（表 6-4）等材料，并进行资格审查。资格审查的内容包括工作经验、学历、年龄等；对于现任重要岗位的人员申请参加竞聘时，须与竞聘人的上司及时沟通，以免出现因新的岗位空缺而产生的风险。

（3）成立竞聘评估小组：竞聘评委成员必须不少于 3 人，应包括所竞聘岗位直接上级、所在层级单位人力资源负责人、所竞聘岗位直接上两级领导。

（4）竞聘的实施：确定竞聘的时间、地点，并发布通知，确认应聘者和评委及工作人员能准时参加竞聘；面试、笔试等相关题目由竞聘部门和人力资源部提前准备好，并经竞聘部门领导确认方可使用；竞聘过程若涉及临时发挥的选题或顺序应采取抽签等方式来保证竞聘的公平性；评委在竞聘评估过程中需填写竞聘综合评价表（表 6-6）。

（5）统计考评成绩，整理竞聘资料：竞聘结束后，当周统计考评成绩，并将考评成绩知会评估小组成员。统计考评成绩可采取计算得票数或计算平均评估分数的方式。评委间最高分和最低分分差超过 20 分，建议用计算得票数的方式；需要用计算平均评估分数的方式，建议去除一个最高分和一个最低分后进行平均。考评成绩统计完后，将考评成绩汇总表、竞聘综合评价表（表

6-6）等资料整理后送用人部门领导或高层参考。

（6）确定初步人选：按照从高到低的成绩排名，以不高于1:3的录用比例，确定录用候选人。具体的录用决策由竞聘的上级领导和人力资源负责人协商一致后，报相关领导审批；确定录用决策时，必须考虑候选人离开原工作岗位后，是否有人能顶替，如没有，必须等有人顶替后再考虑录用问题。

（7）公示竞聘结果：对已录用的候选人信息可进行为期一周的公示，公示方式以邮件、各公共布告栏张贴公告为主。

（8）正式任命：公告公示期结束后，员工如对竞聘程序、候选人品行等无重大异议，进行正式任命，由人力资源部或相关部门办理相关异动手续；如员工在公示期对竞聘程序、候选人品行等有重大异议，并经过核查属实的，不予任命。

（9）参加竞聘未被录用人员的竞聘成绩及各评委对其的文字评估信息必须在竞聘公告前对其知会，并进行积极的沟通工作，防止人员流失。

3. 内部竞聘应注意的几个问题

（1）不要因为对内部人才的过于了解而苛求全面，一次正式的竞聘能让参与的人员全方位展示自己的长处，也必将让他们明白自身的不足，激发他们学习意愿与工作热情。

（2）人力资源部门在组织内部竞聘前，应从员工的工作实践、直接上级、员工档案、业绩表现等多种途径全方位地发现人才并提前动员其报名参与，对于内秀但胆怯的人，可邀请其观摩其他场次内部竞聘。

（3）内部竞聘结束后，对一系列有关录用的事宜及未竞聘成功人员的沟通与培训计划不能忽视。

H小贴士
Human Resources 内部竞聘开展得好（尤其是首场竞聘过程公平性），能最大程度激发内部团队活力，营造积极向上的职业文化，满足员工晋升的心理，引导员工共同构建企业内部员工的内职业生涯规划。

4. 内部竞聘相关表单范例

表 6-4 　　　　　　　　　　（范例）员工工作自我鉴定表

部门（分部）：

姓　名		出生年月		学　历		毕业学校	
入职日		工　号		岗　位		专　业	
目前主要工作内容及取得的成绩（表内空间不够可另附纸）：							
个人的优点：							
个人不足及需改善的地方：							
						鉴定人： 填表日期：	

注：由员工本人填写；填写要求字迹须清楚、端正。

表 6-5　　　　　　　　　　**竞聘报名表**

填表日期：　　　年　　月　　日

基本情况	姓名		性别		籍贯		年龄	
	学历		专业		毕业院校			
	工作年限		入司时间		联系电话			
	所属部门				目前岗位			
	直接上级				期望待遇			元/年
	个人特长							
	是否有亲属 在我司工作	■ 姓名： ■ 工作部门：			■ 称谓： ■ 现任职务：			
培训经历								
工作简历								
主要业绩								
能力描述								

竞聘人签名：

表 6-6　　　　　　　　　　　　　竞聘综合评价表

竞聘者姓名		竞聘顺序号		竞聘岗位									
目前岗位													
考核环节	权重	评估能力要素	评估要点	评委评分 低◄──────►高									得分
				10	20	30	40	50	60	70	80	90	100	
演讲		语言表达能力	语言表达是否流畅、思路是否清晰、语言是否规范、语言感染力强度											
			小　　计											
无领导式小组讨论		主动性	是否主动并积极参与讨论											
			小　　计											
封闭式面试		团队管理能力	是否具备丰富的团队管理经验，善于激励他人及较强的人际影响力											
			小　　计											
其他形式														

续表

笔试		××××知识及基础理论知识	笔试成绩	
最终得分				

综合评价：

评委签名：
日　期：

06 内部招聘实施范例

1. 内部招聘工作公告范例

某企业关于储备品质管理经理的内部竞聘公告

编号：
公告日期：

　　为推动建立"竞争上岗"的用人机制，本着"公开、平等、竞争、择优"的用人原则，增强公司用人机制的透明度，更好地发现人才、培养人才，同时为各级员工创造一个良好的职业发展平台。借此，公司拟举办储备质管经理岗位竞聘会，现将有关工作事项知会如下：

一、竞聘职位：储备品质管理经理

二、工作地点：公司统筹安排

三、征选范围：各生产分支机构（经理级岗位人员不得参加竞聘）

四、任职资格:

1. 教育背景: ×× 类专业大专以上学历。

2. 培训经历: 系统接受过统计过程控制、全面质量管理、ISO9001∶2000、HACCP、GMP、产品标准、计量管理等课程培训。

3. 经验: 3 年以上 ×× 行业（含外部同岗）品质管理经验。

4. 需具备的基础技能: 熟悉 ×× 行业的生产环境和生产过程，熟悉行业的相关质量管理体系的要素和内涵，熟悉 ISO9001、HACCP 质量安全管理体系的建立、维护、改进；熟悉 QC 七大手法及基础的统计学常识，能够对质量运行状况进行分析总结；基本的计算机操作及办公软件的熟练使用。

5. 在现有的岗位上绩效表现为 B 等级或以上。

6. 态度: 积极自信、工作细致、严谨，诚信可靠，具有良好的敬业精神和团队合作精神，充满激情与活力。

五、竞聘工作程序:

1. 竞聘报名者填写《竞聘报名表》和《员工工作自我鉴定表》（附表）。

2. 提交书面材料: 主题为"做好品管分部经理岗位工作设想"。

3. 将报名表及书面材料于 × 月 × 日之前发送至人力资源部张小一处汇总（报送的材料请标明"竞聘"字样，以便查收），邮箱: ×××，传真: ×××。

4. 收到竞聘资料后，将由生产运营部与人力资源部进行初步筛选，同时成立"竞聘工作小组"。

5. 通知初选合格人员参加公开竞聘（笔试、面试等），主要范围为产品质量／生产过程管控及团队管理等方面的内容，竞聘时间拟定于 × 月中旬，具体时间以邮件或电话通知为准。竞聘地点: 1 号会议室。

六、其他事项:

1. 请各部门／基地大力支持本次竞聘工作的开展，确保竞聘信息的发布渠道畅通，积极鼓励或推荐符合条件的人员报名参加。

2. 联系方式: 陈某某（电话 ××××××，内线 ×××）。

附件: 1.《竞聘报名表》
　　　2.《员工工作自我鉴定表》

2. 内部成绩统计格式范例

表 6-7　储备品管、生产分部经理竞聘评分结果统计表（2012.03.28）

姓名	竞聘岗位	项目	权重	评委平均评分	评估结果排名	评委1	评委2	评委3	评委4	评委5
李某某	储备质管经理	笔试	30	18.30	第一名	18.3	18.3	18.3	18.3	18.3
		演讲	20	14.60		13	16	15	15	14
		封闭式面试	50	31.90		33.5	37	32.5	29	27.5
		合计得分	100	64.80		64.8	71.3	65.8	62.3	59.8

3. 内部竞聘报告范例

内容：

　　根据 HR［20××］× 号关于生产系统储备品质管理经理的岗位竞聘通告，人力资源部于 ×××× 年 × 月 × 日在 1 号会议室组织实施了本次竞聘会。本次竞聘会由 3 个环节组成：笔试（× 号晚上组织）、演讲和封闭式面试（历时 6 小时）共 3 个环节。本次收到的简历共 16 份（其中安某某因公出差，未能参加；李某琴弃权），实际参加本期竞聘角逐的有 14 人。本次评委分别是生产系统的李总、刘总、张总和人力资源部的丁总、李经理，评委本着"公平、公正、公开、择优"的原则对每一位竞聘者做认真评估，现将竞聘结果和各位候选人的优劣势汇总如下：

一、结果排序：

储备品管经理：第一名　李某刚

　　　　　　　第二名　陈某云

　　　　　　　第三名　许某云

　　　　　　　第四名　丁某超

　　　　　　　第五名　王某东

二、各成员优劣评价汇总：

储备质管经理竞聘者优劣汇总

	评委	优　势	不　足
李某刚	1号	管理能力较好	成本意识不强，计划能力、综合能力有待提高，需进一步培养
	2号	演讲能力较好	综合能力较弱
	3号	思路清晰，自信心较足，团队管理能力相对较好	逻辑思维有所欠缺，缺少系统化的思维模式，成本控制意识不强，欠缺主动性，整体工作欠缺系统性
	4号	管理支持，持续改进，重方法，学习能力和意识较强，思维活跃	对实际关注度不够，全面联动方面需加强
	5号	表达流畅，有激情，分析较到位，有较好的工作方法/思路、团队管理经验，对下属培养较重视	数据管理较薄弱，细节关注度有待加强
陈某云	1号	成本意识、计划组织、团队建设能力较好	综合管理能力有待提高，需进一步培养
	2号	对果冻制造较熟悉	团队打造有待提高，但可朝生产经理方向发展
	3号	演讲思路，逻辑思路较清晰，较积极主动，有想法，执行力较好	重点突出不足，较无重心，计划组织能力有所欠缺，系统性不够
	4号	注重人际关系和谐	思路方法欠缺，魄力、底气不足
	5号	表述清晰，分析较到位，业务熟练，管理经验较丰富	缺乏激情，数据观念弱，不善沟通

三、辅导计划：针对以上各位竞聘者存在的一些不足，人力资源部将协同生产系统相关主管针对性地安排培训学习。

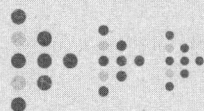

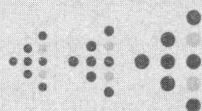

第**7**章
第一阶段预选

——良好开端是成功的一半

人才甄选标准包括哪些维度?

如何过滤人才简历有效信息?

电话沟通注意哪些目标要点?

确定面试人选有何关键环节?

面试通知规范的形式与内容?

面试准备与实施保障有哪些?

根据需求分析，界定清晰的"选人标准"，并按标准过滤简历信息，再通过电话沟通，进一步匹配需求，缩小面试范围与面试进一步详谈项目，并为邀约面试及面试准备做好提前的安排工作，为有方向、有目的地进一步面试甄选奠定成功的基础。

01 确定甄选标准

1. 确立甄选标准的意义

世界上没有完全相同的两个人，同一个人在不同的因素影响下行为表现等也会有差异，在既定的组织环境下、阶段性历史时期，组织用人的岗位胜任条件是相对固定的。确立怎样的企业选才原则、选拔标准及工具方法，关系到从招聘源头开始，把握候选人的能力与工作所需的吻合基础。人才甄选标准要求应是具体的、可衡量的，引导着整个人才甄选过程，以作为招聘部门考察人、面试人、筛选人、录用人的标尺，而科学、适用的甄选方法、测评工具是技术层面的补充印证与保障。

2. 人才甄选的维度

（1）定核心原则：企业需要什么样的人？企业选才的核心原则在不同的战略指引下，特定时期对人才的核心要求会有所差异，即选择的人是德才兼备，还是以德为先，抑或是唯才是举？是强调个性突出还是团队合作？是开拓型还是稳健型？没有绝对的对错，只有适用当下并具有发展潜能才是人才选拔的理想状态。如何达成这一理想状态？确立"能做、兼容、想做"的大原则，即人才甄选的核心原则。

（2）定目标尺度：所需的岗位需要对人才哪些能力加以甄别？这取决于任职资格要素。以任职资格要素对应要求为指导标尺，与用人部门主管确认当期团队的能力偏向及组织发展不可或缺的能力要素，修正目标尺度，同时兼顾拟任团队人员结构特点，圈定候选人标准诸如资格、性别、年龄、兴趣圈等，强调兼容性。

（3）定工具方法：

第一步，与岗位需求对标，做有准备的甄选。根据岗位需求特点，提前与用人部门就拟聘岗位敲定甄选办法。不同方法的结合使用大致有如下几种：第一种，递进淘汰式，重点在"筛"，即每一项甄选都是一项淘汰，候选人必在每一个甄别项中达到一定标准；第二种，综合补偿式，重点在"选"，即不同的甄选项获得的成绩可以互为补充，最后根据综合计分选拔；第三种，综合式，"筛选并重"即前两项的结合，对关键要素采取淘汰式，对可偏向型因素采取补偿式。

第二步，确定甄选关键要素，选择合适的评价工具。根据岗位任职资格要求，厘清显性要素与隐性要素，并针对要素特征，选择对应的评价工具。常用的评价工具包括面试、笔试、评价中心技术、心理测量等。不是所有的岗位都要将理论的方法、工具用遍就是最有保障的，应结合组织评价水平，选择适用的方法组合，形成对岗位的甄选标准。如表7-1。

表 7-1　　　　　　　　　　　　**任职资格关键要素**

岗位：＿＿＿＿＿＿

资格要素名称	要素等级描述	评价工具	适用方法（视岗位要求定）
学历	本科学历，管理类专业优先	学历验证	补偿式（专业符合度加分）
计算机水平	熟练操作 Word、Excel、PPT 等办公软件	上机实操	淘汰式
智力要求		笔试	综合式
工作经验		资历审核 + 面试 + 背调	
工作动机		心理测试 + 情境模拟 + 面试	
心理素质		心理测试	筛选结合
经营管理能力		情境模拟中的文件框测试	

资格要素名称	要素等级描述	评价工具	适用方法（视岗位要求定）
人际关系能力		无领导小组讨论等	
身体素质		体检	筛选结合
其他			

02 过滤简历信息

简历是候选人展现在 HR 面前的第一份资料，但它不完全代表本人，从简历到面试候选人之间，可以做些什么来淘汰不合格候选人呢？面对海量的简历，如何快速缩小海选范围，筛选出可进一步沟通的候选人？这就需要 HR 对简历中的信息进行过滤，提取需要的关键信息，对未知或不详却又是我们岗位需求中所需要的信息加以标注，以便在下一步沟通过程中进行核实并为面试问题准备清单。

1. 筛选简历的四步法

第一步：研读岗位任职资格要求，明确如学历（专业）、经验、基本技能与特殊技能等硬性条件。

第二步：依据基本信息筛选如性别、年龄、民族、籍贯、婚姻状况、职称、学历、特长等。

第三步：重点关注如工作变动周期、工作成果、过去的经历与岗位职责有较大出入的地方。

第四步：提取疑问点，为下一步核实设问。

2. 简历基本信息筛选

标准的个人简历一般包括个人信息、求职意向与自我评价、工作（实践）经历、教育培训经历等几个部分，如何按岗位需求提取有效信息，则需要对这些信息进行解读：

（1）个人信息

个人信息包含姓名、性别、年龄、住址等内容。这里需要关注性别、年龄与住址这三项信息与组织提供的岗位特征是否匹配。

首先重点考量年龄因素，一方面，将应聘岗位所要求的经验对照，以鉴别经验的真伪。一般情况下，应聘者不会虚报年龄，而会在经历上造假。另一方面，根据职业发展于不同年龄段对工作诉求点不同的特征，辨别候选人的应聘动机等常态下的匹配度。例如，19~25 岁，需要快速积累工作经验，考察的重点是岗位经验要求与流动性因素；25~30 岁，有职业定位与个人发展诉求，考察的重点是岗位工作经验的相关性与发展吻合度；30~35 岁，谋求高薪待遇，考察的重点是能力及能力与岗位的性价比；35~40 岁，则考虑发展平台问题，考察的重点是其转换工作的动机，公司与职务平台的匹配性；40 岁以上，则需要一份稳定的工作，考察的重点是其离职原因。

然后是住址因素，如果应聘者是跨区域（城市）应聘的，将年龄段与家庭、婚姻、子女等因素关联，以简历中没载明的作为设问点，来分析其动机是什么，是否将面临诸如生活成本增加、生活环境变化等问题，这些都将影响其进入企业后的工作状态。

（2）求职意向与自我评价

求职意向方面主要是看意向职位的范围，与所招聘岗位相近的意向职位排位等。如果是所学专业与工作经验都与所招聘的岗位不相关，基本可以筛掉；如果是意向过多，而所招聘的岗位排在最后，则候选人的动机和其对自己的定位应有一定问题，可设置问题在电话筛选环节核实。

自我评价是求职者对自己的总结，主旨在于突出或概括个人优势，基于个体对自己的认知，在写这一块内容时未必写出真实的自己，甚至会为迎合企业的用人理念而作，但仍容易流露出部分潜意识，因此这部分内容还是可以部分"投射"出候选人的能力、个性特征等，企业可根据其对自己的评价内容设置有关个人物质方面的问题或对应工具进行测试。

（3）工作实践经历

工作经历是简历的重点，也是评价求职者基本能力的出发点，建议从以下几个方面展开分析。

1）工作时间

工作时间的内涵包括自参加工作的累计时间的长短、工作时间频次、每项工作的具体时间段、工作时间衔接等。累计的工作时间的长短是任职资格的基本要求，但还需结合这期间内的工作转换频次，如频繁跳槽则还需考虑每项工作的具体时间是否具备经验累积的存在，因为通常的工作从进入接手到完全熟悉并取得一定工作成效，会需要 6~12 个月的时间，如果工作时间短于 6 个月，则这份工作的经历和经验则不应作为考虑的要素。另外，重点关注工作时间的衔接上有没有较长的空档（2 个月以上，换城市等情况另作考虑），应将该因素作为电话筛选或背景调查（以下简称背调）时关注的重点之一。当然在现在各种简历技巧、面试技巧的辅导下，这种简历中时间衔接存在问题的情况已相对少见了，因此，在面试时，关注其换工作的过程再结合有关工作时间的情况，以支持对工作内容等的判断。还有，需要了解候选人目前的工作状态，即其是否在工作，这在简历中有的标离职状态，也有的标在职看机会的状态，需要在电话联系时第一时间提问并于后续核实。这关系到应聘者劳动关系问题及面试安排、到职可能时间问题。

2）工作职位

工作职位在一定程度上可以反映工作内容，但是在头衔名称不对标的情况下，职位要素并不能作为重点参考依据，而要看重的是工作内容、管理幅度等情况。

3）工作内容

工作内容主要是看应聘者原工作单位和职责所反映的能力和经验。考虑的因素包括：专业与工作的对口程度，如果专业不对口，则要看在职的时间长短。再看其工作在专业上的深度和广度，结合上述的工作时间原则，如果短期内工作内容涉及较深，则要考虑水分的存在，在面试时要作为重点来询问，特别是对细节的了解。还有应聘者曾经工作的公司的大致背景（特别是对于中高层管理及特殊岗位），在电话沟通前最好按照提供的信息使用搜索引擎进行了解，对不清楚的问题可在电话沟通环节设问。

（4）教育培训经历

学历"真的假文凭"通过"学信网"查询相对较容易分辨，而"假的真文凭"则需要通过相关学校的学籍管理部门支持及笔试或面试辨别真伪。

学历分全日制的学历、成人教育的学历，还有第一学历和后学历的问题。如果是后学历，则要看应聘者何时开始、何时获得后学历的，这可以看出应聘者的学习能力和接受挑战的心态。

与学历相关的是专业，一般岗位说明书中都对专业做了规定。如果应聘者有多重专业，对其不同学习阶段专业的分析可以得出其在知识的系统性和广度上的基本判断，还可以从不同专业的相关性中获得其个人规划的能力。

同时，也应关注应聘者教育培训经历中专业培训的情况，如各种考证培训的情况。专业培训是应聘者知识更新、补充的重要途径，考量培训内容是否与工作对口是关键，若不是对口的，则这样的培训可有可无。教育培训以工作内容、专业为基础，方可作为考虑的要素，各种考证培训也是作同样的考虑，这需要在面试时进行考察。

解读过滤简历信息，最主要的原则就是对各项内容进行交叉分析，这样就能获得应聘者更完整和更全面的信息，发现其中的亮点和疑点。对于亮点和疑点，暂不作最终判断，而是通过设置针对性问题清单及对应检核的方法，以便于进一步地甄选、确认。

03　电话沟通初选

1. 电话沟通的背景

企业受客观条件的限制，要实现和每个求职者的面对面交流往往都不太现实。尤其是在企业内跨地域招聘，或者招聘岗位候选人较多的情况下，电话沟通因其方便、沟通成本低而被广泛采用。

2. 电话沟通的目的

通过上述筛选来的简历,和候选人通过电话沟通,将岗位需要的排除性问题通过电话沟通环节予以确认,这不仅可以有效缩小候选人范围,还可以为了解候选人获得面试环节深入探讨的领域打下基础。

3. 电话沟通的步骤

如何进行电话沟通?沟通哪些内容以及需要达成的目标。

(1)准备问题清单

进行电话沟通前,针对简历筛选的基础信息提炼的疑问点,结合岗位任职资格需求,列出电话沟通准备清单,是保障电话沟通的效率与节奏掌握的基准。

表 7-2   电话沟通计划记录

姓名:		拟聘职位:	
	(性别)	简历来源:	
电话号码:		地址:	
出生日期:			
在职状态:(在职或待/择业)			
沟通起止时段:		候选人所在环境:	
沟通内容		沟通记录	
简历补充及疑问点	1. 经历中断		
	2. 频繁跳槽		
	3. 职业逆流		
	4. 家庭情况		
	4. 健康状态		
	5. 薪资结构及其他补充		
沟通小结:			
排除性问题	1. 技能(岗位最低要求内容)		
	2. 意愿(包括是否接受背景调查、测试及预拟面试/到任日期等)		

续表

岗位匹配性问题	1. 主要从业公司背景、客户群体、发展前景等	
	2. 行业竞争对手、工作任务及工作标准等	
	3. 岗位吸引因素及职业方向等	
	4. 工作地点、环境等	
	5. 其他	
沟通小结：		
胜任拓展性问题	问题 1.	
	问题 2.	
	问题……	

备注：胜任拓展性的问题通过与用人部门直线经理沟通，如给他们一些简历筛选，看他们筛选的角度，问其有哪些要求是这些候选人还没有满足的，上一任员工在工作中存在哪些问题，其希望新来的员工具备怎样的特长等问题，以列出针对该岗位的规范化问题清单。

（2）电话沟通过程

电话沟通通常需要 10~30 分钟，自拨通电话的那一刻即一个双选的开始。充分尊重应聘人员的时间，礼貌与同步的沟通语言，对自家企业和职位及其发展的介绍等，都关系到吸引应聘者和创造电话沟通氛围的基础。

如何开场？

电话沟通的开局可以是这样的："您好！是 ××× 先生／女士吗？我是 ×××× 公司人力资源部的 ×××，您现在接电话方便吗？"如果对方说方便，即说明来电的大意，诸如："是这样的，我们收到您于 × 月 × 日（有具体日期以示对应聘者的重视）投来应聘咱们 ×××× 岗位的简历（如果是搜索来的或朋友介绍的就按搜索或介绍来说），想就这个应聘事宜占用您十多分钟的时间，您所在的位置是（办公室、家里、外面等）？"然后按面试清单内容来谈就好了。如果对方不方便接电话，看他有几个回答：一种是"稍等"，HR 安静地停顿下静候他发声就好；还有一种是"稍后我给你电话"，招聘人员则要追问一句："十分钟之后我再给您来电？"如果时间间隔太久可能会与应聘人员的其他工作冲突，则应与其预约某一个时间段。如果应聘者态度比较生硬，或以"我知道"等来打断 HR 的来意介绍，急切问薪资的，可在应聘诚意方向加强把关，或考虑提前结束通话。对于不能当即回复沟通时间的，则考虑用手机发出短信的方式，发出邀约或回复。

当问及岗位胜任性问题，尤其是技术性、专业性强的问题时，考虑到人力资源招聘人员自身的弱势，不妨采取以守为攻的方式诱导候选人多说，多作记录给用人部门直线经理判断，可能会有意外的收获。比如这样开始发问："不好意思，请教您几个专业问题……"这时候的候选人在电话中会较少设防，会比面谈时感觉更加自由，会很少保留或隐藏自己的想法。这期间，招聘人员可穿插些必要的回应如"哦，受教了等"来不断鼓励候选人继续展示自己。待他们展示完不要急着提下一个问题，让谈话有意停顿一段时间，等待他们试图打破沉默，开始说些什么以更好地补充展示自己。有时他们会突然说起一些令人惊讶的东西，这些东西很可能不会在面对面交谈中出现。

对于应聘者简历疑点问题可采取攻势，尤其是对于涉及诚信的问题。有必要让候选人知道，从事人力资源招聘工作的人，可以随时联系到他们的前任雇主，并将调查他们是否已经被解雇或他们是否因故被开除等，可在某种程度上探明真相；要求候选人必须有能力解释任何工作间隔等易夸大的问题；若涉及学术资格审查的，还应礼貌地告诉候选人，将审查其学术资格，再听其反应，这有可能造成有些候选人突然结束电话。

假如一位候选人明显不符合要求，你想礼貌地尽快结束电话沟通时，可以说"我还有最后一个问题要问"，在对方答完之后，向候选人解释：我们正在做最初的电话访谈，如果我们还有其他问题会再打电话给你，你的资料也将进入公司人才库，感谢你对公司及职位的关注，也欢迎你推荐其他人选。对于工作意愿急切的人，可以委婉地告诉候选人去申请另外一个职位，那将更能发挥他的专长。这样既可避免候选人在电话中的辩解，也不会破坏其对公司的印象，虽然这位候选人不是这个职位的合适人选，然而他可能适合未来空缺的某职位。

在整个电话沟通的过程中，人力资源招聘人员必须掌握谈话的节奏和方向，得到诸如以上列表中问题的答案，及时快速做好记录，因为这些答案关系到候选人能否进入下一步面试，以及进入正式面试可以深入探讨的领域。

（3）电话沟通小结记录

结束完一个候选人的电话后，在"言犹在耳"的状态下，快速浏览下问答记录，完成各段沟通小结，建议及提炼面试应关注的点，这样一份电话沟通初选报告就完成了。

当 HR 完成与一个候选人的电话沟通后，要让自己清静一会儿。因为一天中，HR 可能要进行几十个这样的轮回电话，重复的工作容易让人没来得及从上一个沟通情境中走出来就进行下一个沟通。注意，与下一位候选人沟通时，不要喊错名字，可将名字写大号字体，对照问题清单，别除上一个电话沟通中多余的问题，或思考更优的提问方式，以激励自己在面对下一个候选人时保持思路清晰。

04　确定面试候选人

通过简历筛选及电话沟通两轮下来，我们对候选人会有个初步的了解，接下来是如何结合这两轮的结果，筛选进入面试的候选人。这个环节是用人部门与人力资源部门衔接最易出现有如"汽车脱挡"现象的环节。

1. 错误等待与盲目尊重

接下来的工作通常的做法是，HR 招聘专员将候选人简历、电话沟通报告、本期候选人基本情况表等一起打包，邮件发送给用人部门负责人，然后等待反馈或下一步指令，以示尊重用人部门的选择。然而，这样的效果并不尽如人意，不及时反馈成常态，在跟进追问过程中敷衍了事或不用心做筛选也时而有之，在 HR 们忙于后面其他岗位招聘工作时，人选反馈可能就遥遥无期或搁浅了。

究其原因，可能是这批候选人都不符合要求，可招聘方向该作何调整？

人力资源招聘专员不得而知。可能用人部门只浏览了下总表，没耐心看电话沟通报告，或对沟通内容不置可否，候选人有没有可选之处？人资部门也不得而知。也有可能是用人部门负责人事太多忙不过来，迟来的反馈因候选人情况已有了较大的变化而无法被参考。各种可能，不一而定。出现这样的情况，多半是因为用人部门的直线经理没重视招聘，他们觉得 HR 招聘是人力资源的事。而人力资源招聘的岗位又特别多，于是只给积极配合的那些把关条件简单的基层岗位及时招到人，而陷入诸如前文中提到的"有兵无将"的境地。

2. 改进只差一步关键做法

招聘到合适的人选是招聘工作的最终目的，招聘专员可能需要从搜索来的近百份简历中经历两轮海选选来十几份的简历并形成沟通报告，与其在人员不到位事后的问责中塞责扯皮，不如在提交环节做文章。打个电话，预约用人部门直线经理，面对面一起分享候选人电话沟通报告，由用人部门直线经理一起探讨决定进入正式面试环节的人选。这个过程中，关注直线经理所关注候选者的那些素质，请教他们对于专业问题的提问角度，询问他们想问哪些问题并需要什么方向的答案。排除掉候选人的排除条件是什么。留下来的候选人资料还缺什么。应关注什么。哪些是要在面试环节关注的，这些候选人还可能朝着什么方向去搜索等。这些深入的沟通将有利于招聘专员完善沟通要点，总结经验，调整搜索方向。对进入面试人选的人进行排序，在面试安排时重点关注。

3. 选择分歧处置

当面试人选筛选意见不一致时，尤其是当处在以电话沟通的假设前提下认为应该排除的人，用人部门却对其专业能力感兴趣时，这时应注意：尊重直线经理意见，不要太快淘汰候选人。因为不是所有的岗位候选人都具备良好沟通的天赋，特别是从事技术的。每筛选掉的一个候选人，问问直线经理这个人可能适合的岗位或发展方向，以备其他选择。

05　发出面试邀约

完成以上筛选步骤，要第一时间向候选人发出面试邀请。

1. 关于时间

（1）从电话沟通到面试通知，建议时间不要超过一周，因为若是有太长的等待期，候选人会认为自己可能不是企业的最佳选择。

（2）同一个岗位的面试时间尽量集中在一天当中，充分考虑路途所需的时间。

2. 通知形式

通知形式包括邮件通知、短信通知、电话通知，原则上应根据与候选人电话沟通时掌握的作息规律选择。例如，候选人在职，则在其工作时间尽量不打电话，可通过邮件方式，考虑候选人不能及时查阅邮件的，可辅以短信通知。最直接的方式还是电话通知。

通知前，斟酌好沟通技巧，以诚恳的态度与语气，表示邀请是经过慎重选择的，看好候选人的相关素质，诚邀他来司面谈。如果是招聘方指定时间，则委婉说明由于××××原因，哪位领导抽出"指定时间"请他应约。如果需要征求候选人意见，也应给个较近的选择区间。

3. 面试通知时应知会的内容

（1）候选人应携带的相关证件或补充材料。

（2）直线经理希望候选人能提供的专项作业（如市场方面人才，可能通过布置其针对公司产品做一份候选人所在区域或城市的调查报告或规划等）。

（3）面试流程与预估时间段。

（4）确认来司路线，交通工具等。

06 | 面试准备及安排

面试前的准备工作对整个面试的顺利开展有着至关重要的作用。自候选人踏入面试区域的那一刻起，即已是一个双选的格局，企业在不知不觉地"被面试"，面试过程将直接影响求职者心中印象及其意愿信心，同时更重要的是会影响整个面试的效率和质量。那么，面试前，通常需要做好哪些准备工作？具体细节和注意事项有哪些？

1. 面试准备的内容

（1）准备面试材料。主要是求职者的个人简历、候选人基本情况补充记录（如电话沟通报告）及面试问题清单或结构化面试题目准备、考评题库或测评量表及面试评价表、用于回答求职者询问的公司基本情况/岗位工作职责与薪酬待遇/公司企业文化介绍等资料。这项准备工作是重点，尤其是结构化面试题目的精心准备，这是影响面试成败的关键。

（2）营造环境气氛。进入正式面试场地前，准备个接待室，将公司相关宣传资料如内刊等放置于桌面，倒杯热水，进行必要的寒暄，比如路途是否顺利之类等，以缓解候选人紧张状态。正式面试场地最好是会议室，尤其是小组面试与团体面试。一对一或二对一（指考官两个人）的面试时，可以在安静的洽谈室开展，如果条件允许的话也可以在附近的咖啡厅等场所进行。原则是保证面试的私密性并营造舒适的面试气氛。一般来说，会议室要比办公室更适于进行面试；但是，如果你别无选择，只能在办公室里面试，则需要把桌面清理干净，关上门，把电话设置成语音留言或自动呼转模式。

（3）安排面试时间。尽量不要把面试时间安排在一天当中的任意时段。因为面试过程可能不如 HR 所愿般地轻松和紧凑，中途较容易出现不确定的打扰，分散精力。面试的最佳时间是在早晨，一天的工作开始之前。这时 HR 与候选人均头脑清醒。退而求其次是下午刚上班半小时后，空出的这半个小时的缓冲时间，可为接下来的面试免干扰作安排与调整，并为面试的顺利进行做好准备。

（4）列一份面试环节时间进度表，掌控好面试时间，同一岗位面临多名候选人逐一面试时，要做好面试环节不中断的保障。同时准备好以其他测试、笔试穿插进行，行程安排要紧凑，不要让候选人出现超过十分钟以上的等待。

2. 保障关键环节与注意事项

（1）首先，根据应聘岗位，确定面试方式。是采用逐级面试还是小组面试？是一对一面试还是团体无领导小组角逐？需要运用到哪些与面试相关的考察方式组合？

（2）按确定的面试方式，确定参与面试成员并就面试议题、流程做提前沟通。面试过程尽量争取 HR 成员与用人部门一起参与，一来缩短面试时间，二来了解业务部门选人角度并记录与候选人的沟通要点，总结经验用于优化后续该岗位的沟通内容。

（3）另外，应提前一天确认应聘者行程，并于当天提前一小时再次电话询问确认求职者的路途位置，并根据位置确定到访时间，以方便后续接待工作的安排。如求职者于饭点前后到达，一定要问及其是否用过餐，用餐影响面试时间的以点心暂代，不影响面试时间的带求职者去用个便餐或邀请同用工作餐，这期间还可提前介入面试观察。

总之，面试前的准备工作用一句话来概括就是"天时、地利、物备、人和"。"天时"即要协调好面试时间，"地利"就是提前安排好面试地点，"物备"就是提前熟悉和准备一切面试相关的资料和物料，"人和"就是协调好面试官及良好的面试人文环境。

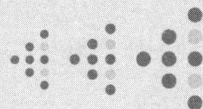

第**8**章

候选人评估

——专业化体现管理价值

通用与特定的甄选流程区别?

如何快速实现不同甄选目的?

有效面试过程有何技巧原则?

如何构建人才评价维度模型?

如何设计笔试行测环节内容?

如何设置实施背景调查问卷?

如何评估候选人？什么样的岗位适用怎样的甄选流程？对应的评估手段与工具是什么？如何进行有效的面试、评价？又该如何验证评估以供决策？即如何"知人、识人"，是招聘工作的重点，也是难点。

01 确定甄选流程

规范的人才甄选流程能规避选择标准的随意性，保障甄选过程的公平性。然而，组织用人的需求是多元的，一套流程包打天下，将会出现为流程而流程的现象，牺牲效率的同时还不一定能带来我们想要的结果。因此，我们主张应根据招聘形式及岗位特性制定适用的甄选流程。通用的甄选流程如下：

1. 人员甄选一般通用流程

（1）接待应聘者。接收简历并对应聘者基本条件作初步评估，若符合要求则发给应聘者岗位申请表。

（2）整理应聘材料。通过求职者填写的申请表来筛选岗位需具备的基础信息，筛选出可进入面试环节候选人。

（3）组织深入的面试。由人力资源部主持，有关各方组成招聘评估小组。主要了解候选人的更多信息，候选人显性特征如形象、谈吐、知识技能及兴趣，并考察个人求职动机及反应敏捷度等。

（4）笔试或测验。根据岗位胜任素质要求，设计对应的笔试或实测环节。如有基本技能或某项技能的熟练度等要求，则可以设置行动实测项目；智力要求高或涉及行业及关联知识要求的，可通过设计笔试作答环节进行测试。

（5）核实与评价。对有关应聘材料、证件的真实性核对、调查，对教育程度与经历进行评估。关键岗位需要对其从业背景及学术资格进行审查与背景调查。

（6）录用建议与决策：结合候选人以上环节如面试、测试等结果综合评价，给予录用与否的建议，供用人部门直线经理作最终录用决策。

（7）体检与录用通知：对经决策录用的人员发出体检与拟录用通知。

（8）录用、入职手续办理，进入企业试用。

一般甄选流程适用一般性岗位，以上步骤并不是对每一位应聘人员都是必需的，有些环节可以跳过或穿插同步。还应根据不同岗位进行调整，如一线员工需要适度简化甄选流程，而高阶主管则更多倾向于隐性甄选流程。

2. 一线操作工甄选流程

通常情况下，一线操作层面人员鲜有准备简历的。他们携带身份证，以上门应聘或参加现场招聘的情况居多，人员面对面时，即已进入甄选环节。在缺工大环境下，一些企业在对一线员工的选拔上基本是四肢健全、反应正常者即可。根据岗位特性，操作岗位也是有着其岗位操作基本要求的。例如，某些机台操作岗位需要有一定的身高才能够得着工位，身高要求则成为该岗位的重要考虑因素；安保岗位有形象与体能的要求，形象与体能要求则成为该岗位的录用与否因素等。综合岗位要求，一线操作人员的甄选流程一般分为望、问、审、择四个步骤。

望：即看，全面地看应聘者的整体形象、身高、动作、精神面貌等。

问：询问应聘者与岗位需求相关的问题，包括所带证件、期望的工作岗位、工时制、待遇及其前项工作经历等。

审：即证件审核，身份证件，现在可通过设备读取二代身份证的芯片信息，身份证本身的真假较容易分辨，难点在于身份证与人是否能对上号，更有甚者面试应征的与报到的不是同一个人，出现"调包"的现象。辨别身份证是否为本人，一方面通过照片比对，先是找明显特征，比如有没有面部明显的痣或疤痕等，然后是注意五官间距特点，尤其是眉间距、口形等特点是否吻合。另一方面是出其不意地问其生日、属相及家乡的特点等来综合判断真假。特殊岗位如电/钳工、叉车、司炉等还需要有资格证审查，将证件有效期及发证机关与标准版本进行比对，必要时将其带到现场操作，通过看其工作熟练度来判断。

择：即双向选择，让应聘者填写入职申请表，看填写是否规范。根据填写完的申请表，带应聘者到工作现场试操作，试操作过程需由用人部门直线主管主持。这样一方面让应聘者直观了解工作环境、工作负荷；另一方面观察应聘者的灵活度，是双选的关键过程，再据此录用，通知体检并约定到岗日期等。很多企业省略了这一关，致新进人员大进大出，造成试用等培训成本增高。

3. 特殊人才的甄选流程

之所以特殊，一方面，特殊人才在组织中所占比例较少，尤其是战略性特殊人才或高尖端科技人才；另一方面，特殊人才的市场供给不足，其来源渠道有委托猎头，也有行业定向的挖掘。这些目标人才在原组织起着举足轻重的作用，也有着与工作职责相匹配的收入与待遇，面对这样的人才，一般传统的甄选流程似乎无法适用，与其试图通过流程来测其岗位胜任能力，不如花时间在其素质修养、文化兼容方面考察其与组织的兼容性。这样的甄选流程也分为四步：背景调查、非正式认识、索取正式简历、正式约谈。

背景调查：无论是从何渠道获取的人才信息，特殊人才的背景调查（尤其是在职特殊人才的背景调查）工作需要在外围展开，比如调查候选人的前任公司同事，或者是委托第三方来做。背景调查的内容涉及候选人所经历过的组织氛围、工作风格、工作成绩贡献及其他基本要素等是否符合岗位需求预期。

非正式认识：在没有获取候选人简历的情况下，可关注候选人出差或出席会议等活动行程，如在区域公共会议等场合，以上前索取或交换名片方式去认识，然后在一旁观察，会后找机会问候或以请教问题方式接触至设计邀请其出席圈内聚会、短途旅行等形式观察候选人在团体活动中的表现要素。

索取正式简历：在没有获取候选人简历的情况下适用，也可委托第三方索取简历。从职业发展层面，洽谈合作意向，这时可以索取其完整的个人履历。结合履历内容，回顾之前的接触记录及背景调查情况，形成候选人初评报告及进一步考察方向。

正式约谈：正式约谈时应由决策层参与主谈，战略型人才可以约给老板谈。正式约谈前，应将候选人的情况向参与正式面谈的内部成员作详尽的汇报，对需要进一步核实的内容作进一步设问提示，以免漫无目的地面谈。

02 | 甄选工具组合

人才甄选各环节目的不同，其甄选方向及工具应用自有不同。首先须明确甄选流程中，每一个环节的目的，选择适用的甄选工具，这是进行科学甄选的基础保障。

1. 目的一：基础资料的获取

建立适应企业内部各层级岗位的简历信息常规模型，通过简历的筛选，辅以电话沟通技巧的应用，可获取候选人基础资料，包括年龄、民族、户籍或住址、家庭主要成员关系、学历、培训经历、工作经历及薪资期望等信息，以判断候选人与所招聘岗位的吻合度，及选择是否进入下一个甄选环节。

2. 目的二：知识技能的评估

是否具备岗位所需的知识技能，关系到候选人能否胜任工作，建议通过笔试、实际操作、情境模拟等工具实现评估，如：

——智力测验。测试学习、分析、解决问题的能力，包括表达、计算、推理、记忆和理解能力。

——技能测验。测试某些具体工作所需的特殊技能，如手的灵巧程度、手与眼的协调程度。

——熟练度测验。测试某些具体工作所需的熟练程度，如打字、操作电脑、速记。

3. 目的三：意愿与性格的评估

意愿与性格属于人的隐性较难评估的维度，而恰恰又是这难以评估的维度关系到员工行为结果和岗位适配度。建议通过面试与测试相结合的方式来实现评估。专业测评如：

——个性 / 人格测验。测试其性格类型、事业心、企图心、自信心、耐心。

——职业倾向测验。测试其对某些职业的兴趣和取向。

基于面试偏差或对测评工具掌握不好的，也有些企业对重要岗位采取委托专业人才测评机构进行测试的方式。

03 | 如何有效面试

面试是招聘工作最为关键的环节。HR 如何在面试环节获取决定性信息？需要考察哪些内容？如何根据这些内容设置面试问题？ HR 在面试中该注意哪些细节？

1. 明确面试目的

（1）根据面试前准备的清单，确认候选人资料缺漏部分及疑问；

（2）衡量候选人工作能力与发展潜力；

（3）评估候选人品行、工作意愿、工作态度与动机；

（4）征询候选人对岗位的理解与对工作环境的适应性。

2. 从面试中应获得的信息

（1）能力方面考察：根据岗位序列需要的能力方向设问，如候选人的工作自主能力，考察其有无较强的依赖心，通过在过去具体工作中扮演的角色等来判断。

（2）个性品质考察：候选人过去工作中的特别成就及其对过去团队中主管、部门等的评价。

（3）工作动机考察：候选人的稳定性、工作转换因素以及对应征岗位的理解与期待等。

（4）情商考察：候选人过去面对困难或障碍的解决方式，是否有抱怨他人等情形。

3. 面试沟通技巧

（1）面试沟通步骤

步骤一：表示欢迎，介绍评委。在该阶段要注重营造轻松自然的沟通氛围，以鼓励候选人畅所欲言。

步骤二：开始提问阶段，该阶段尽量以候选人自我陈述开始，以让评委适应候选人的语言方式，关注候选人表现的高度兴趣或强调部分，做好记录并及时标注需要追问的问题。在该阶段还需要及时控制谈话方向，恰当切换话题，以免候选人信马由缰扯得太远。

步骤三：专业问题深入探讨阶段，该阶段一般由用人部门直线主管或熟悉该知识领域的专家担任提问评委，同时充分沟通关于岗位的信息，给予候选人充分了解岗位及工作开展的资源信息，鼓励候选人提出疑问。

步骤四：面试结束阶段，感谢候选人对公司及这份工作的关注及面谈交流，如有感受到压力的地方请予以谅解等，最后确认关键信息，如说明甄选的下一流程或录用与否结果将于何时告知。

（2）面试提问技巧：提问方式、方法

常用的提问方式分开放式问题和封闭式问题两大类，其中开放式问题通常以"谁？什么？哪里？何时？如何？为何？"等方式提出，意在让候选人开放地谈论某一事件或主题时能提出事实依据，如针对某项行为事件提出"你如何与新同事相处"。封闭式问题的提出通常以"是或否？能不能？会不会？"等方式出现，意在找出明确事实或意愿倾向，一般在问卷中采纳得较为普遍。面试提问时，开放式问题与封闭式问题在面试过程中往往是交叉出现的，而提问方法有自评法、比较法、假设法、行为法、反射法等，各提问方法及目的范例如表8-1。

表 8-1　　　　提问方法类别、特征、提问的目的和问题范例

方法类别	特征	提问目的	问题范例
自评法	让候选人自我陈述，给予展示自己的机会	1. 看候选人对自我的了解； 2. 观察候选人内在焦虑及隐藏部分	你觉得你的优点是什么？

方法类别	特征	提问目的	问题范例
追问法	由浅入深地询问更细节的内容	探索知识的深度	在××技术应用方面，你能否再详细说说？
行为法	询问在某一情况下的行为方式，行为事件法中应用最多	让你了解候选人的行为模式	当你必须激励你的团队时，你会怎么做？
比较法	比较两件事差异或候选人的喜好	了解候选人的思维选择、创意及沟通等方面能力	你觉得行销与直销工作的差异在哪里？
假设法	询问一个还不曾发生的事情	对工作欠缺经验的候选人，探索其在岗位某些情境下的可能反应	假如你必须跟一位难伺候的客户打交道，你会怎么做？
反射法	检讨曾说过的话	确认或检视自己的理解是否有误	你这句话的意思是，你在这方面非常地欠缺？
影射法	不直白地提问，提问其对别人或其他事件看法	通过谈论别人或其他事件来了解候选人	你最欣赏或讨厌的主管？你希望与怎样的上司共事？

（3）面试控制原则

在进入正式面试进程中，切记不要再把面谈的可贵时间挥霍在对简历内容的再次发掘上。

不要直接对候选人提出"你认为你是个好领导者吗"这类问题，而是请候选人讲述他是如何率领团队实现详细工作目标的，并请他刻画出其认为最为骄傲的所在；考察候选人把工作造诣描写为个人成绩，仍是有效引导下的团队结果；或激励候选人分享他们从前处置问题时的趣闻轶事。但就某一行为事件又不能任其泛泛而谈，行为描述应循人们常说的STAR原则，即Situation，Target，Action和Result。如针对某一具体事件，S：在怎样的情景下发生？ T：具体任务是什么？ A：采取了哪些关键行动？ R：取得的（积极或消极）结果。

（4）面试关键信息捕捉

看：在面试过程中应该注意观察面试者的行为。通过面试者的坐姿，说话或者思考时的眼神、目光，甚至面试者的面相、笔迹，都可以更好地帮助HR

了解面试者。

听：候选人对不同问题反应的语速连贯性、声调的变化等，在一定程度上可以反映其擅长领域或兴趣领域，尤其是面对压力问题时。

问：过去、疑点、环境及价值观等。特别注意候选人可能出现的问题，离开原单位却无法提供正常离开理由的；过去工资明显超过该职位所应有水平的或资格明显超过职位的要求者；过去五年经历五种以上工作的或所经历的工作从未有过三年以上沉淀的。

辨：候选人价值观与企业文化的适应性。根据技能和资质筛选候选人，考察候选人与应聘职位的技巧匹配度，还应进行文化筛选。候选人是否与企业文化相和谐的同时也具备技术匹配度，这关系到候选人进入企业后的适应性及磨合期的工作表现。辨识的方法可结合候选人的阅历和文化背景，请候选人结合自身经历，谈谈对这些文化特征的意识和理解，将其表述与本企业文化进行印证比拟，判断候选人对企业文化的认同度及其是否与本企业文化有较好的相容性。

文化匹配的准则是：进入下一轮的候选人都是接受公司原则、价值观及其行为准则，并乐意花时间和精力来学习公司的历史、文化以及经营模式的。需要特别留意的是，在对领导者的招聘中，更要考察候选人对本公司经营模式的理解度和认同度，因为这些候选人中的胜出者将成为公司经营模式和文化的执行者和传承者。

04 人才招聘评价

1. 评价方案确定

岗位核心素质识别需对应具体的评价方法，构建清晰的岗位评价维度，有利于在面试及相关评价过程中有的放矢。做到事先就岗位评价方案、办法及其权重进行设计与调整，准备好面试问题清单（进行编码），新增追加问题适时添加。评价方案选择详见下面的范例：

📋 【范例】 **岗位核心素质及其评估方案选择表**

一、岗位基本信息

岗位名称		岗位编号		岗位级别	
所属部门		分部 / 科室			

二、岗位任职资格——专业能力要求（用人部门在相应能力前打"√"，并做具体专业素质的分解和详细描述）

市场		销售		供应链管理		质量管理		生产管理		技术支持	
研发		财务		审计		人力资源		行政后勤		项目专案	
具体专业能力分解详细描述											

三、岗位胜任力——通用能力素质（人力资源部门确认各项目通用素质的权重，并在需要考察的细项后打"√"）

素质项目	确定权重	素质项目	确定权重	素质项目	确定权重	素质项目	确定权重	素质项目	确定权重
1. 完成任务能力		2. 人际交往能力		3. 个人素质能力		4. 管理能力		5. 领导（艺术）能力	
①以业绩为导向		①团队精神		①正直诚信		①团队建设		①远见卓识	
②绩效管理		②以服务为导向		②自我发展能力		②激励他人		②战略思维能力	
③影响力		③人际意识		③决断能力		③授权他人		③开拓进取能力	
④主动性		④对组织的认识		④决策素质		④培养他人		④管理变革的能力	
⑤生产效率		⑤建立良好的关系		⑤应对压力				⑤建立组织的忠诚	

续表

素质项目	确定权重	素质项目	确定权重	素质项目	确定权重	素质项目	确定权重	素质项目	确定权重
⑥灵活性		⑥解决冲突的能力		⑥分析思维能力				⑥确立工作重点	
⑦创新能力		⑦沟通能力		⑦概念思维能力				⑦工作目标、原则和价值观	
⑧质量关注意识		⑧跨地域文化意识							
⑨不断改进的精神									
⑩专业知识和技术									

四、岗位素质评估方法确认

	方　法	权重	测试素质项目		方　法	权重	测试素质项目
1	笔试			5	文件筐		
2	面谈			6	心理测评 / 性格测评		
3	公开演说			7			
4	无领导小组讨论			8			

五、结构化面试问题清单

经过重要性排序后的素质项目	权重	结构化问题（每项最多两个）
1		1. 2.
2		1. 2.
3		1. 2.
4		1. 2.

经过重要性排序后的素质项目	权重	结构化问题（每项最多两个）
5		1. 2.
6		1. 2.

（更多测评方法、问题范例参见第十二章节《测试题库建设》中相关内容选取）

2. 评价结果记录

鉴于评价工作的及时性，要求评委们对需要评价的维度表现进行及时详尽的记录，有利于获取候选人的客观表现。评价维度记录范表如下：

【范例】 《×××岗位评估维度评价表》

评估维度 姓名/序号	分析和解决问题能力 （观点陈述）										主动性 （按岗位素质优先级设定）										团队合作 （按岗位素质优先级设定）									
	10	9	8	7	6	5	4	3	2	1	10	9	8	7	6	5	4	3	2	1	10	9	8	7	6	5	4	3	2	1
1																														
2																														
3																														
4																														
5																														
6																														
7																														
8																														
9																														

文字评价记录：

1	
2	
3	
4	
5	
6	
7	
8	
9	

3. 候选人面试信息归集

提取候选人可编码信息，综合面试评委意见进行归类，形成如表 8-2 的记录：

表 8-2　　　　　　　　　　　候选人甄选对比表

岗位 / 职位			应聘人数		××人	初选合格	××人	面试日期	月　日至　月　日
甄选结果对比	姓名	学历 / 专业	年龄	工作经验 相关	工作经验 合计	专业知识	态度仪表	语言能力	面试人员意见
面试组成员：									

4. 候选人评价常用模型

为避免面试官尤其是用人部门直线主管的主观判断及单项意见偏好对结果的影响，作为专业的人力资源招聘工作者，应对候选人综合信息进行全面分析与评价，尽可能实现客观、全面地选择合适的候选人，常用评价模型如表 8-3。

表 8-3　　　　　　　　　　　候选人常用分析评价模型

序号	分析维度	针对内容提要	评价范例
1	基本胜任能力的分析	语言 / 形象 / 价值观 / 技能 / 经验 / 配合度 [0~100%]	总体评价：×%。候选人有 × 技能 / 意向（通过简历提交、问题回复态度等判断）
2	对候选人获取新工作机会的意向及动机的分析	意向 / 离职原因 / 吸引他的因素 [0~100%]	总体评价：×%。候选人看重 ××
3	对候选人目前薪资信息的分析及期望薪资的要求与面试官 / 主管的判断	现工资信息 / 要求 [0~100%]	总体评价：×%。只要求在现在的基础上有所提升，薪资也在企业的承受范围以内

序号	分析维度	针对内容提要	评价范例
4	对候选人所在的组织架构解析	向上：汇报关系。横向：关联性配合部门。向下：管理幅度	拟任职位相比其最近任职的职位有所下降，汇报关系也有小幅收窄
5	对候选人表现突出的地方分析	有无事实案例可以被证明的业绩指标	候选人提供大量数据、资料体现他的工作能力，并且拥有非常丰富的相关资源
6	对候选人表现弱势的地方分析	综合面试评委意见及候选人弱势自评	候选人对自我认知较为一致，需要在×××方面有所加强
7	聘用风险提示	影响候选人申请新工作机会的制约因素	职位的向下调动所带来的适应问题，工作地点的长期性需要协调

05 笔试测试应用

笔试作为人才筛选环节之一，其运用恰当与否与几个维度相关，如笔试时间与空间节点、笔试内容的针对性是否围绕岗位胜任素质要求设置，选择的测量工具本身信效度、适用性以及量表数据读取的专业性等，都会导致测试结果的偏差。因此测试结果只能具备一定的参考性，应当与面试情况结合起来看。

1. 关于笔试的时空节点

一些企业将笔试作为筛选人才的第一关，即先笔试后面试，尤其是在校园招聘的时候，如果求职者笔试没过的话，连面试的机会都没有，他们认为这样能有效地筛选出更小的面试圈。

由于笔试需要一定的时间和空间场所，在现场招聘情况下较难实现同步，快速过滤排除信息后再进行笔试环节也不失为一种智慧之举。例如，针对应届生的筛选，在以小组（10 人以内）划定基础要素内容基础上的五分钟自我介绍的形式，观察个体在群体中的主动性、内容的趋向性或从众性，并获取应聘者包括仪容、五官、生源地区域范围、在校表现（成绩、竞赛、实践）以及家境（农村、工薪、家庭成员）等基础信息后，快速作出可进入笔试环节成员的选定。既给了大家同等的面试机会，鼓舞了应聘者信心，又可以缩小目标群体的甄选，为后续的笔测结果作出最好的判断与印证，在别人还在忐忑等候笔试成绩或面试安排的过程中时，就已经抢得了签约先机。笔者在历年的国内校园招聘中，总能成为同批次进入校招活动的企业中第一个与目标学生签约的企业代表，在进入下一个目标院校开宣讲会之前，就一定已完成上一家院校的学生录用，既掌握了录用人数的主动权，又抢占了下一个目标院校的"先机"。当然这需要紧凑、连贯的安排，如宣讲会的前期预宣传、离宣讲会现场最近的面试笔试场地等时间、空间的衔接，笔测结果于笔试结束当天晚上就公布出来。试想下，学生逛了一天的招聘会现场，从最初的满脑子 500 强企业梦想期待，到你占用了他听你 15 分钟的宣讲、平均 30 分钟的等待、15 分钟的面试，2 小时的笔测，最后在强脑力活动一天的当晚，接到你带上就业协议到某教室签约的通知该多么兴奋。该学生一定会上网进一步对公司进行了解或讨论。

同样，当多名候选人被邀请来司面试时，笔测的时间也可以见机安排，整个过程安排应紧凑、专业，笔测时间不宜超过 2 小时，以候选人不等待为宜。

2. 笔试的内容设置

笔试的内容大致包括：一般智力测试、专业（行业）知识测试、定向能力测试，如学习能力、创新能力、分析与解决问题的能力等。行为预测方面的行测题包括：心理个性与兴趣测试、道德与价值观测试、谎言与笔迹测试等。笔试的内容不应求全，毕竟选才的目的不是要为难候选人，而是发现具备岗位胜任所需要素的人才。在设置笔测组合题时，应就该岗位相应的岗位说明书来对职位需要的能力进行选测。整体答题时间以 2 小时为上限，其中，各题型得分权重可参照岗位素质权重来设置。

行测题部分则以半小时的答题时限为宜，成熟的行测题量表如《气质类型量表》，可以用于职业性向发展测试，个人的气质是天生的，气质类型与后天性格形成息息相关。不同的气质类型造就不同的性格，适用于不同的职位，如胆汁质的人做接待员，黏液质的人做会计，往往会对工作效率起到事半功倍的效果。相比各种人格特质量表（16PF，明尼苏达个性测试等），气质量表题目精简，简单易行，操作和计算方便。

其次可推荐《霍兰德职业性向量表（中国修订版）》。《霍兰德职业性向量表》为世界范围内使用最广，心理学界普遍接受的标准化职业自评量表之一。该量表包含了七部分内容，涉及当事人的价值观、职业兴趣、能力倾向等，结合当事人的自我汇报和专业测评结果，具有较高的信度和效度。由于此问卷涉及面较广并经过专门修订，企业可针对自身情况稍作修改即可使用。例如，为了避免当事人为了获得该岗位而做出偏好反应，可以用不同表达方式的自评量表来考察应聘者，需要在陈述方面由自我陈述改为问答；去除问卷的名称，涉及测试内容的地方均由字母代替；作答完成后，不由当事人自己评定，而是人力资源部当场测试，统一收回计算分析。

《生活事件量表》是对生活中每个人都可能遇到的事情对个人精神的影响情况作出的评定。因为该量表涉及个人隐私，建议只在一些极其重要的岗位，或对心理健康有着严格要求的特殊岗位人才测评中使用或者借用专业的心理网站及第三方来完成相应的测评。

3. 笔试结果的反馈

笔试中有标准答案的部分较容易得出成绩，但行政职业能力测验试题部分，自测试前的指导语以及测试后的计算分析，建议由专业人士或经培训人员实施，因为指导语的表达方式，可能会引导当事人给出不客观的答案。具体的指导语以及量表结果计算方式，一定有着其对应的解释，而专业人员在读取量表结果时需要深入解读，并提交深入浅出的笔试结果报告，以供录用决策参考。

如某岗位的笔试成绩部分报告：

第一部分：综合能力测试
测试时间：20××年××月××日××时 ××分～××时 ××分

宏观思考能力	分值：20 分	得分：9	得分率：45%
执行能力	分值：20 分	得分：0	得分率：0%
书面语言理解力	分值：20 分	得分：15	得分率：75%
沟通能力	分值：20 分	得分：10	得分率：50%
应变能力	分值：20 分	得分：4	得分率：20%

第二部分：MBTI 性格测量结果：

ESTJ 务实的组织者——特征如下：与人表层关系良好

通情达理，视角现实

为人一致，言行合一

喜欢新事物但不喜欢新观念

忠于工作、家庭甚至愿意牺牲自己来承担责任

能系统地执行工作

对时间很重视且准时

易下判断而流于武断

对别人情绪不敏感

H**小贴士**
uman Resources

在候选人提出希望得到自己的行测报告时，建议予以满足其行测结果对量表的解释部分并说明行测背景对结果的影响。

06 如何做背景调查

1. 背景调查的目的和原则

背景调查（简称背调）的目的是核实候选人相关信息的真实性，同时全面了解候选人学习、工作经历情况，帮助对候选人的能力、素质在原单位实践中的验证及未来更好发挥的支持。其中，身份信息及学历、资格证情况可通过相应的网站如学信网、学校及发证机构等渠道获取。工作背景调查主要是针对具有一定工作履历的候选人，对其工作经历的核实，如工作时间段、工作表现、离职原因等因素。

工作背调不一定需要凡进必调，对于重要核心岗位候选人的背景调查可委托专业第三方公司，如猎头推荐的候选人，其背调工作应由猎头公司来完成，对于诚信有较高要求的一般基础岗位，HR 部门做背景调查时，如有可靠朋友或熟人的公司是首选，当没有这些资源时，尽可能找对方公司的 HR 部门了解

而非候选人的直接上下级。一些较为规范企业的 HR 从业人员，也愿意与其他公司 HR 探讨其流失人员的去向，并可能给到客观的评价及恰当的建议。当然，有些企业 HR 可能会问及是否获得候选人背景调查授权的问题，因此，HR 在设计工作申请表时，一定不要忘记细化其工作经历栏目，内容包括候选人在各单位就职信息及其起止时间，各阶段工作报酬、离职原因，还应有证明人及其联系电话，以便于 HR 在做背景调查时提及这些人以佐证候选人提供信息的真实。工作申请表中，关于工作经历及背调的授权可参见表 8-4。

表 8-4　　　　　　　　　　　　　　　背景调查表

	起止年月		工作单位 / 部门 / 职务	薪酬	离职原因	证明人电话	证明人
工作经历	年　月 ~ 　年　月						
	年　月 ~ 　年　月						
	年　月 ~ 　年　月						
	年　月 ~ 　年　月						
录用后何时能上班				是否同意作背景调查		□同意　□不同意	
可作背景调查的咨询人	1	◆姓名：		◆工作单位：		◆电话：	
	2	◆姓名：		◆工作单位：		◆电话：	
本人声明：以上填写内容真实，如有虚假愿意接受处罚。					声明人签名：		

2. 背景调查的注意事项

对于仍然在职的候选人，HR 从业人员对其当期在职背景调查则需要采取特殊处理，如向前一家单位调查时看能否问到其新的去向，或向该单位已离职员工了解，在不具备上述条件的情况下，可在该员工进入试用期期间对其进行补充了解。

背景调查的内容难免会涉及候选人的个人隐私，在充分尊重候选人的基础上，无论调查结果如何，做好调查结果保密是 HR 从业人员的基本道德。其次，由于背调获得的信息来源不同，其内容也会有所差异，既有客观因素，也有证明人的主观因素，所以要对调查获得的信息加以识别，特别是对负面反馈的问题与所聘岗位的关联度，必要时可与候选人核实其对具体负面评价的看法。

HR 在进行背景调查时，准备好候选人个人资料及问题清单，礼貌说明来意，并做好背景调查记录。背景调查记录模板如表 8-5。

表 8-5　　　　　　　　　　背景调查记录表

候选人姓名			应聘岗位		
调查时间			调查记录人		
单位一			工作起止时间		
推荐联系人		职位		联系电话	
何时进入该公司？担任什么职位？主要负责什么工作？月 / 年薪范围多少？何时离开该公司？离开时的职务？主要负责什么工作？是否胜任工作？离职的原因是什么？可否愿意重新回聘候选人……					
单位二			工作起止时间		
推荐联系人		职位		联系电话	
何时进入该公司？担任什么职位？主要负责什么工作？月 / 年薪范围多少？何时离开该公司？离开时的职务？主要负责什么工作？是否胜任工作？离职的原因是什么？可否愿意重新回聘候选人……					
单位三			工作起止时间		
推荐联系人		职位		联系电话	
何时进入该公司？担任什么职位？主要负责什么工作？月 / 年薪范围多少？何时离开该公司？离开时的职务？主要负责什么工作？是否胜任工作？离职的原因是什么？可否愿意重新回聘候选人……					
调查记录人调查意见： 　　　　　　　　　　　　　　　　　　　　签名：					

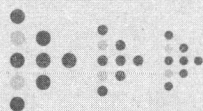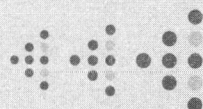

第9章

录用与入职

——以终为始的思维模式

如何保障规范通知录用过程?

入职流程应该包括哪些要点?

如何帮助新人参与团队融合?

如何有效组织实施入职培训?

如何落实行动辅导评估内容?

通过一系列人才吸引、简历海选、招募甄选等工作，最终确定了候选人，是否就意味着人才招聘工作的结束呢？其实没那么简单，HR 在工作中会遇到如下几种突发情况：第一种是候选人在确认报到时突然变卦；第二种是候选人工作了两三天就走了；第三种是候选人刚工作没多久就被原单位叫了回去。因此，我们说，对候选人录用入职，要用以终为始的思维来对待。

01 录用通知

录用通知是企业向拟聘新员工发出的第一道要约，分为电话（口头）通知与书面通知。一般性岗位通常是采取电话通知的方式，其内容也相对简单，即候选人录用决定及到岗确认相关事项；关键及重要岗位建议 HR 还是用书面录用通知形式，一份内容要求清晰、语气诚恳的书面录用通知，能够给候选人带来被尊重而不是被选择的安全感，提升候选人自信并利于候选人为适应新环境调整状态。

1. 书面录用通知应包括的关键要素

（1）岗位名称与职级及岗位主要职责描述；

（2）岗位待遇约定：包括薪金结构、支付方式及币种、主要福利项目；

（3）岗位性质、工时制、作息条件；

（4）明确的到岗时间；

（5）报到时应携带的材料；

（6）合同期限（包括试用期限）；

（7）双方的其他约定，如保密或要约反馈与解除条件。

2. 录用通知的法律约束

录用通知一经候选人按时回签，即产生法律约束力，约定的岗位条件及相关待遇即行生效。作为在未订立正式劳动合同期间的要约，如果在签订劳动合同后，约定的工资数额与通知书承诺的工资数额不一致，员工有权向公司要求补偿工资差额。因此，用人单位可在通知书中补充"双方签订劳动合同后，权利义务由劳动合同约定，取代目前双方约定的条款"作为关闭条件，避免将来产生争议。

在候选人按要求作出到岗承诺后，因企业的原因变卦导致候选人失业的，将有承担违约责任的风险；另一种情况是候选人违约的，而企业又较难举证违约损失，这在校园招聘中较为常见，因此，在回签承诺上的时限要求应尽量因岗设置。

3. 录用通知模板

（1）录用通知模板 1

录用通知书（简化版）

尊敬的 ＿＿＿＿＿＿ 先生 / 女士：

　　感谢您应聘本公司＿＿＿＿＿＿职位，经初审合格，现根据本公司员工录用规定给予录取，欢迎您加入本公司团队。有关报到事项如下，请参照办理。

一、报到时间：

报到日期：＿＿年＿月＿日＿时＿分。　地点：＿＿＿＿＿＿＿＿

二、携带资料须知：

（一）录用通知书；

（二）居民身份证（原件及复印件）；

（三）学历证书（原件及复印件）；

（四）资历、资格证书（或上岗证）；

（五）原工作单位解除劳动关系证明；

（六）近三个月的体检合格报告单；

（七）近期一寸彩色照片 3 张。

三、根据公司的规定，新员工签劳动合同＿＿＿＿＿年，其中试用＿＿＿＿＿个月，试用期薪资＿＿＿＿＿元 / 月。

四、以上事项若有疑问或困难，请与本公司人力资源部联系。联系电话：（固定电话）

（2）录用通知模板 2

尊敬的＿＿＿＿＿＿女士 / 先生：

　　我们非常高兴地邀请你加盟＿＿＿＿＿＿公司，成为我们事业伙伴中的一员，我们相信这里能够给你提供一个长期发展和成长的机会。

　　我们邀请你担任的初始职位为＿＿＿＿＿＿，向＿＿＿汇报。你在公司的进一步发展将取决于公司的发展、你的个人绩效、能力及意愿。

主要岗位职责：

_____

_____

　　该岗位提供给你的待遇如下：年总收入 = 年度基本收入 + 业绩提成 + 福利及补助。其中，你的每月固定工资为＿＿＿元（税前，含个人承担的法定保险）。福利包括：A. 在你与原雇主终止劳动关系并办理入职手续后公司将为你缴纳社会保险。B. 根据公司的休假政策，你在入司第一年可享受＿＿＿个工作日的带薪年假。C. 根据公司政策的规定，你可以享受以下费用报销额度或补贴：午餐补贴＿＿＿元 / 工作日；通信补贴＿＿＿元 / 月；交通补贴＿＿＿元 / 月。

　　你的劳动合同主体为＿＿＿＿＿＿公司签订，劳动合同期限为＿＿＿年，合同期中含试用期＿＿＿个月，试用期工资＿＿＿元（税前）。工资、奖金、提成均为人民币税前金额，国家规定的相关税费由个人承担。

　　公司实行严格的薪酬保密制，请你对上述数据信息进行严格保密，违者将解除劳动关系。

　　本公司的工作时间为星期一至星期五＿＿：00~＿＿：00，含午休时间＿＿＿个小时。

　　加入＿＿＿＿＿＿公司以后，公司要求你遵守公司的一切有关政策和规定；你不可以为其他公司做兼职工作或从事与本公司利益发生冲突的商业活动。

　　如果你愿意接受以上供职内容，请你签字确认。我们期望你于＿＿＿年＿＿＿月＿＿＿日前作出决定，并期望你在＿＿＿年＿＿＿月＿＿＿日前前来公司报到，在报到时提供上一家公司的离职证明、三个月内的体检报告。

　　　　　　＿＿＿＿＿＿公司人力资源部　　　　　以上内容已知悉，我将于＿＿＿年＿＿＿月＿＿＿日之前到公司入职。

（盖章）

　　　　　　　　　　　　　　　　　　　　　　　个人签名：＿＿＿＿＿＿

　　＿＿＿年＿＿＿月＿＿＿日　　　　　　　日期：＿＿＿年＿＿＿月＿＿＿日

（3）聘用意向函模板

聘用意向函

尊敬的 ×××女士 / 先生：

非常荣幸地通知您，经过与您几次的沟通，我们（ ××××××××××公司）拟聘用您，聘用条款如下：

职位 / 职级：××××××/××××（如经理、职员、高级工程师等）级

部门：×××××部

工作地点：×× 省 ××× 市

年收入（含税）：试用期 ×××× 元 / 月，转正后 ×××× 元 / 年（其中年薪的80% 按月平均发放，另外的 20% 作为年终绩效奖金的绩效考核基数，根据考核结果一次性发放。根据公司的相关薪资规定，员工若在考核期内离职的，其年终绩效因未满考核期，无法认定，其年终绩效奖金系数按 0 评定）。

交通：自有私车报销额度 ××× 元 / 月

住房：公司提供住房

通信补贴 / 探亲等福利：按公司福利制度规定

入职时间：20×× 年 ×× 月 ×× 日

合同期：× 年

试用期 / 培训期：× 个月

如对以上条款无异议，请在通知书上签字确认后返回；本通知书自签发之日起七日内有效，报到时，请携带以下文件及资料办理入职手续：

（1）3 张一寸彩色照片

（2）身份证、学历证明原件及复印件一份

（3）市级以上医院的体检合格证明（三个月内有效）

（4）前所在公司的离职证明

以上未尽事宜，请参照劳动合同相关条款执行。

如您有任何疑问，请与 ××× 联系，电话：×××－×××××××

＿＿＿＿＿＿＿＿＿＿公司人力资源部　　　　　　已阅，并接受以上条款。

　　　　　　　　　　　　　　　　　　　　　个人签名：

（加盖公章）

＿＿＿＿＿＿＿＿＿＿＿＿＿＿　　　　　　＿＿＿＿＿＿＿＿＿＿＿＿＿＿

日期：20××年××月×× 日　　　　　　　日期：20××年××月×× 日

4. 通知录用的跟进

录用通知书经加盖企业印章，或企业授权人签字寄出，待应聘者签字回传。无论是电话通知还是书面通知，都不能将打出电话或寄出书面通知的这个环节视作招聘结束，即使是在获得候选人明确反馈的情况下，候选人能否如期报到仍不确定，还需要 HR 从业人员人性化地去沟通与跟进。同时，在等候期间，内部对接部门岗位间有无发生变化，工作场所、必备的办公条件及后勤硬件配置也需要展开协调。

（1）准新员工到位跟进技巧

经双方签字确认的候选人，已具备企业岗位准新员工资格。为确保该员工能按时到岗，也为及时掌握变数做好预案，从人性关怀的角度适时跟进非常有必要。对于不同职业状态下的准新员工们，与其沟通的技巧及获取信息的重点有如下区别：

如仍然在原单位就职的人员，对其辞呈的批复情况及工作交接的情况了解要细致，可通过社保、公积金转换角度指导其辞职应注意的事项，再如有工作区域差异的，相关文化差异也是很好的沟通切入点，通过家人支持的角度关心其做了哪些准备等都是不错的话题。

如果是近期报到的，则关注其乘坐的交通工具，路线及出发时间等要素，从提供支持的角度提出。

对于承诺到岗等待期的，如校园招聘实习储备的准新人，学生从业选择的盲目性及从众心理，导致毁约情况频有发生，对此，可在签就业协议时，依据企业在校招过程中花去的人力物力评估，在附加条款中增加违约金项目，如学生违约，则支付过违约金才配合其解约手续办理，为双选时多一份考虑与保障；还可在少则 1 个月到 3 个月，长则半年的待入职期间，与这些准新人开展一些互动，如公司动态信息、新闻、企业文化活动等都可以适时向他们传递，还可以邀请他们参与一些远程互动的节目，共同探讨职业培训与规划，增强归属感，同时听听他们的毕业设计与论文准备，这些信息关系到他们报到的准时性，从这些过来人的建议角度进行沟通。

（2）录用通知的对内跟进与协调

通过对通知录用人员的沟通，及时掌握到位进程信息，并做好相关记录后，为新人到岗准备做好工作、后勤配套衔接。工作场所的准备包括办公位置确认，办公桌椅、电脑等必备硬件准备。后勤如提供有住房的，其住宿的标准配置是否齐全，生活必需品有无疏漏，卫生状况是否良好等；若需要合住的，则注意合住环境是否需要清理，提前处理好不合理的占用，真正做到虚位以待。这些跟进工作在向相关单位提出要求的同时，一定要在新人到位之前进行一次验收，验收不合格的提出限期整改，以确保新入职人员不因这些降低归属感。

02 | 入职流程要点

新员工入职第一站是人力资源部，随后涉及用人部门及后勤服务相关部门。基本内容如下：

1. 新人入职证件材料交验

按录用通知的内容，逐项交验相关证件，如身份证件、毕业证件、资格证件等；索取新人与原单位解除或终止劳动合同证明（离职证明）；体检表或健康状况证明材料。

2. 建立新员工档案

补齐新员工档案材料，发放识别卡，录入基础档案信息并更新到内部通信录，工作衔接部门发布新员工到岗知会，并向用人部门开具《新员工报到单》。

3. 明确双方权利义务

签订《劳动合同》或《试用期协议》、《保密及竞业禁止协议》（根据岗位需要）、《试用期员工工作任务及考核标准指标》。

4. 岗位安置

将新员工引领至用人部门，确认座位安置及熟悉工作环境，指定新员工引导人员，介绍新同事。如安排有住宿或用餐的，应带领新员工至后勤部门办理好住宿及用餐引导，可结合办公、生活区域制订一份《生活指南》，引导新人"按图索骥"。

5. 新员工报到单模板

表 9-1　　　　　　　　　　　新员工报到表单

新员工入职引导								
部门		姓名		工号		岗位	入职日期	
入 职 报 到								
序号	入职人员应办手续内容					责任人	承办人签字	
1	提供个人入职资料（工作申请表、身份证、毕业证、学位证、离职证明等）					招聘专员（内线×××）		
2	阅读入职须知后签字					人事专员（内线×××）		
3	签订劳动合同							
4	领取厂牌、住宿安排通知单							
5	录入指纹考勤							
6	新员工入职 10 天内办理工行卡，将卡号报给人力资源部薪酬福利专员					薪酬福利专员（内线×××）		
7	领取宿舍钥匙、开通餐卡					宿舍管理员（内线×××）		
部 门 报 到								
序号	部门入职引导内容					责任人	承办人签字	
1	安排新员工入职导师引导（由新员工上级领导担任或指派老员工担任）					入职导师		
2	安排座位，引见部门领导与同事							
3	扼要说明公司周围生活设施							
4	介绍岗位职责，沟通确定新员工知识技能传承计划，协助度过适应期							

续表

| 5 | 至办公室行政文员处领取用品（办公区域，位置：×××） | 行政文员（内线×××） | |
| 6 | 协调申请 OA 账号、公司邮箱，确认是否开通网络权限、ERP 用户权限（办公区域，位置：×××××） | 信息系统管理员（内线×××） | |

岗　前　培　训			
序号	培训人员指引内容	责任人	承办人签字
1	根据新人入司时间，发布培训通知并确定时间、地点（周期1个月）	人力资源部培训专员（内线×××）	
2	组织岗前培训及考试		
3	组织新入职人员填写培训评估表和制度学习记录表等有关文件		
4	岗前培训考试阅卷及公布成绩		
5	岗前培训考试不及格者需继续参加下一期培训班直至通过考核为止，在下期考试成绩未发布前仍属于试用期；通知人事专员培训考试合格者名单及成绩，以便结束试用期	入职导师	

说明：该表格为新员工入职安排所使用表格，由人力资源部跟进，相关部门积极配合；该表格在新员工入职培训（考评合格）签字确认后，交付至培训负责人处，将留存在员工档案，并作为考核依据。

本人已明确知悉入职事项且无异议。

本人签字确认 / 日期：＿＿＿＿＿＿＿＿＿＿＿

03 ｜ 团队融合帮助

对于新员工，面对陌生的环境、陌生的同事、陌生的企业文化，该如何适应这个全新的工作、生活环境？即新员工怎样才能尽快熟悉企业、胜任岗位，融入团队是摆在新人面前的第一道关，也是人力资源部门帮助新人履新的重要一步。

（1）新员工进入公司后，常规的做法是给员工进行入职指引，旨在帮助新员工快速熟悉周边环境、了解公司情况。在这一环节，一些规范的公司倾向于让新员工签收一本《员工手册》。手册上会有致新员工欢迎信、公司发展历史、企业文化、组织架构、规章制度、产品知识及生活指南（包括吃、穿、住、用、行，甚至看病、洗衣等生活大全）。但据一些企业使用反馈来看并不尽如人意，因为长篇文字让新员工失去细看的耐心，于是，《员工手册》的设计版本开始朝着便携性与或精美，或可爱的图文演示方式不断完善。

（2）根据新人们获取信息的习惯更倾向于使用智能通信载体的特征，以企业人力资源微信公众号为载体，从新员工关注角度出发，将以上相关信息编制成若干段标题醒目的 Flash 格式的微课程，每段以 3~8 分钟为限，利用办理入职手续的空当儿，让新员工通过手机微信扫码加入互动平台，微课程内容可以丰富到把部门主管及其管理风格以风趣的表现手法加入，同时将日常岗位关联的人员照片及其联系方式作个公布，如财务报销岗位、IT 维护岗位等，通过动画、声效加深印象与了解，方便新员工日常工作的开展。

（3）团队的融合更多的是文化的融合，向新员工介绍企业文化和准则，这一环节需要注意的是对于公司内部一些不成文规则的介绍。一般来说，公司会存在一些关于内部沟通的要求以及决策的原则，这些规则的输入以引导为主，让新员工了解如何开始工作、向内经验分享与人际沟通的渠道在哪儿？让员工对公司及团队形成整体的印象并跟上节拍。内容包括：公司"正常"工作时间；鼓励和不鼓励的"创新"；内部建立关系和友谊的价值；内部游戏和活动的"尺度"等。例如，某企业为入职新员工专门定制的一本工作笔记，笔记的扉页上印着这样一份文明办公公约：

📋【范例】 ××××公司文明办公公约

凡加入我们公司的人，都是经过严格筛选的、优秀的、知书达理之人。我们就用商量的口吻订立此公约。旨在帮助大家克服现代人的某些"潇洒"和散漫，改掉一些并无恶意的粗心，表明我们将庸俗和陋习拒之门外的决心。

守时，是人类最难能可贵的美德之一。因为守时，不仅表明遵守自己在时间方面的承诺，也意味着尊重对方。更何况，无论对营销中心还是对客户而言，时间就是金钱和效益。因此，按时上下班，准时与客户洽谈，是我们办事的首要目标。

如果您确实有事无法按时上下班，不要紧，你只要提前送上您的亲笔假条就行了。上面写清您的事由、天数和日期。这样有助于上司安排工作。如果生病了，就及时到医院就诊，以免耽误病情，影响身体。但别忘了让医生开具有效的诊断证明。

礼貌的言辞和行为会增添自己的风度和魅力。每当电话铃响起，大多数是愉快的消息。大家不妨先说声："您好，××××公司。"自然，随之而来的也会是和风细雨。不顺心的事，带来的常常是粗声恶语，但随之而来的将使您更不顺心，谁愿听到粗声恶语呢？不如洒脱些，平静些，更显您的修养。

公司办公和接待的地方，安静是必需的。请不要无目的地串岗或三五成群地聊天。更不要高声说话，让现代的时间、合作、效益观念在这里得到充分体现。

满世界找自己要用的东西，肯定不是现代人的乐趣。所以，用完各种物品、文件、用具，属公用的，请物归原处；属个人的，请物归原主。杂乱的办公桌和文件柜或许有自然之美，但显然放得整整齐齐更有整体感。因此，请随时，特别是下班时留意将自己所属的办公桌和文件柜收拾干净，纸团和烟头请放进专用器具内，以免破坏身边的和谐。

中午吃饭放松的时间，男同胞忍不住想喝点酒舒展舒展，这要在节假日，是最好不过了，但公司提请您，当您满脸通红，喷着酒气同客人（尤其是女士们）洽谈业务之时，您的客户对您会有什么想法呢？大概对公司，尤其是您本人都不会有什么好印象！

衣着，不仅展示个人风采，它还体现着我们公司的整体风范，而整洁、大方、端庄是我们衣着的主旋律，所以，您在充分展现个人风采的同时，请不要忘记与我们的主旋律合拍。

烟，已不再是大多数现代人感兴趣之物。因此，为了大家的健康，为了公司空气的清洁，烟迷者，非因公吸烟请到大厅外并注意安全。

最让人欣慰的是良好的气氛与人际关系，我们鄙视势利和虚伪，也不喜欢迂腐和酸气。在咱们这个大家庭里，我们不仅是自己的主人，更是这个大家庭的主人。因此，我们不单单要懂得自己所担负的职责，勇敢地对工作、对自己的行为负责，还要关心我们这个大家庭的前途，我们应当为自己的坦诚而自豪，尊重他人和享受他人的尊重，省去许多浪费生命的烦恼。

人生是短暂的，事业是永恒的，我们应倍加珍惜眼前共同的时光，用无言的默契，用相同的心灵，用灿烂的笑容，用理解的目光，用高效的行动，用我们的爱心去充实美好的人生，去创造事业的辉煌。

相信阅读过以上的公约，新员工找到自己的沟通节拍不会是难事。

H小贴士
Human Resources　团队融合的规则创造了"人和"的基础，在认识新同事，欢迎新员工，引领新员工熟悉工作、生活环境的过程中，让新员工感受到企业悦纳的胸怀和被充分尊重，是促使其迫切愿意融入团队、继而认真投入新岗培训的前提。

04 新人入职培训

实施系统的新员工培训，从三个层面展开，即"说给他听""做给他看""让他操作"，在这过程中通过不断获取反馈，以确认培训收效，具体做法如下：

第一层：说给他听（应知应会的知识层面）

新员工一入职，岗前脱产的入职培训是很有必要的，在安排上岗前所需的入职培训课程时，除了常规的公司文化、制度规范、产品知识等公共知识的讲解之外，更需要细化考虑到不同岗位所需要掌握的不同专业知识，让其掌握岗位工作开展的相关信息。这些专业知识的培训应由用人部门组织开发课程，这将有利于知识的沉淀与传承。即整个新员工入职培训不单单是人力资源部的事，而是由人力资源部与用人部门一起来完成的。例如，某企业对办公职员级新进员工安排三天集训，内容如下：

【范例】　×××新员工培训课程安排

项目	日期	时　间	课时	培训项目与安排
公共课程培训	第一天	8：30~10：30	2	企业文化与人力资源政策
		10：40~11：40	1	行业发展与相关法规
		14：00~15：30	1.5	产品知识与竞品分析
		15：40~17：40	2	有效沟通技巧与案例分享
专业课程培训	第二天	9：00~10：10	1	内网与邮件收发应用规则
		10：40~11：40	1	部门工作分工与岗位职责
		13：40~15：40	2	岗位履职指南解说与演示
		15：50~17：50	2	重要工作节点说明
	第三天	8：30~10：30	2	常见工作失误解析
		13：40~15：40	2	以上知识回顾与验收（提问与考试）
		15：50~17：50	2	团队拓展与互动小游戏

新员工培训内容、形式的设计和有效实施，对于新员工更快更好地融入企业是非常关键的一环。因此，作为 HR 管理者不能把它流于形式，年复一年地保持一个模板，让所有员工都学习同样的内容，而是要给予充分重视，并根据不同岗位员工的特点，设计不同的培训流程和内容，并不断丰富培训的内容与形式，不断优化培训的步骤和方法。只有这样才能真正提升新员工的胜任能力和胜任速度。

第二层：做给他看（应该掌握的实操要点）

课堂培训之后，需要走进工作现场，通过实际工作参观与实习，理解与尝试相结合，让新员工了解工作步骤、相关设备 / 工具的使用、安全及其原理。工作参观与实习可以是按段截取上下游工作及关联工作，必要时可以是全流程，其间需要指定实习导师进行全程指导，让老员工参与，现身说法加深印象，也让新员工与老员工之间建立起联系。为了保证工作现场的参观与实习质量，使受训员工深刻理解对应的工作流程，可通过让其观察或试操作去发现工作流程中的疑点；对于有些工作比较关键或者周期较长等因素无法试操作的内容，那么只能通过让受训员工观察、提问、理解并总结记录下来以形成高质量的实习报告的形式进行验收与指导。报告模板如下：

表 9-2 　　　　　　　　×××实习报告模板

实习岗位		实习日期 / 时间	
辅导员		责仟指导	
工作流程节点说明	流程（图）	节点说明：1. 　　　　　2. 　　　　　3.	
问题反馈			

第三层：让他操作（行为演练并固化过程）

通过实习经历了理解与尝试，就该新员工正式上岗历练了，以达到能掌握与运用。此时可安排新员工第一项工作，并按节点检查进度，岗位说明书中的"履职指南"可发挥很好的作用。对于很多操作性岗位，可通过 OJT（On-Job-Training，在岗培训）式的工作现场教导，来保证员工能够独立操作。OJT 培训的关键步骤如下：

首先，要指定能够指导他人的员工作为工作导师。

其次，导师要亲自做示范动作三次。第一次示范是一次性展示并解释每项工作及其主要步骤，第二次示范则强调每项工作每个步骤的每个关键点，第三次示范需要解释每个关键步骤以及成因。在整个示范过程中，工作导师都要保证清楚、完整、耐心地给新员工做讲解。

最后，学员进行独立操作四次。第一次是让学员静静地操作并纠正自己的错误，第二次让学员在操作的过程中向导师解释每项工作及对应的步骤，第三次让学员解释每项工作每个步骤的每个关键点，第四次则让学员解释每个关键点的成因。然后，新员工继续操作练习，直到完全掌握操作要领为止。

05 | 行动计划跟进

1.新员工训后行动跟进内容

经过一轮完整的新工培训，新员工对于公司相关情况已经有了较深的了解，对于工作岗位的流程及操作要领也基本掌握，但这是否意味着一名新员工经历了以上流程，随着操作时长的累积就能转正呢？回答是：远远不够！

随着时间的推移，新员工对公司的了解和认识还会有变化，对于岗位操作的熟练程度还会有反复，所以，根据新员工进入工作角色的各个时间节点，还需要进一步的跟进回访及适应指导与改善。这个环节可以帮助新员工积极主动地去发现问题，一起制订行动计划，并从更深的层次上认识问题，体会企业的文化、适应环境，熟练掌握工作要领等。这是一次知识的总结与经验的沉淀，也是新一轮工作改善的起点，还是对新员工试用期履职情况的考察。

新员工培训实施及进入工作角色的关键时间节点，涉及各相关部门的通力配合，HR 管理人员除了及时跟进并进行必要的资源协调，还需要构建起基于内部知识沉淀与传播的体系与激励机制。比如以"内部导师制"衔接"新工辅导员"制度，将培育新人、传播知识技能在义务、责任、荣誉与经济这四个层面引导共济，过程实施中做好新员工（含内部转岗员工）培训/辅导记录、学习追踪以供试用期考核参照。员工试用期考察跟进相关表单：

表 9-3：××××公司员工制度学习培训记录表

表 9-4：员工实习辅导记录表

表 9-5：学员月度跟踪反馈表

表 9-6：员工试用期满评估表

表 9-7：导师辅导评估表

表 9-3　　　　　　　××××公司员工制度学习培训记录表

编号：HR-No.-××

培训内容	招聘制度	薪酬制度	培训制度	绩效制度	岗位职责	内部发展
培训时间						
培训讲师						
受训人员签字						
培训组织者签字	（形式）					
备注	培训形式分：课堂集训、单独面授、文件签收、读后感等形式。					

表 9-4　　　　　　　　　　员工实习辅导记录表

编号：HR-No.-××

学员		实习所在部门		实习期间直接主管	
导师		导师所在部门		实习时间	
一：岗位说明与工作计划：（直属上级、实习导师沟通后填写）					
岗位说明（说明实习岗位的主要职责与关键环节清单）					

实习期关键工作计划（不超过 10 大项）				
序号	关键工作任务描述	执行时间	衡量标准	执行情况
1				
2				
3				
4				
5				
6				
7				
8				
9				
10				
员工		（签字） 年　月　日	直属 上级	（签字） 年　月　日

二：辅导计划（学员与直属上级、导师共同确定后填写，三方签字确认）		
时间	内　　容	目标（标准）描述
第一周		
第二周		
第三周		
第四周		
确认记录		

本人		直属 上级		导师	
	（签字） 年　月　日		（签字） 年　月　日		（签字） 年　月　日

表 9-5   **学员月度跟踪反馈表**

编号: HR-No.-××

单位: _____   填表日期: _____

学员姓名		工号		电话	
入职日期		学历		毕业院校	
考核跟踪期		20 年 月 日~20 年 月 日			
工作导师		职务		电话	

本月目标任务完成情况	目标任务		实际完成		完成情况
	说 明				

工作导师评估（要求具体的数据或事例进行客观公正评估）	职业态度	
	工作能力	
	工作态度（如工作配合等）	
	取得业绩及进步	
	综合评价	导师签名：

直线上级评语	
间接上一级评语	
人力资源部意见	

表 9-6　　　　　　　　　　　员工试用期满评估表

编号：HR-No.-××

部门：　　　　　　　　　　　　　　　　　　填写日期：_____年___月___日

注：该表由员工本人及员工直接上级进行填写

姓名		学历		毕业学校		专业	
入职日期		工号		分部		岗位	

员工自评 （个人主要工作内容及取得成绩，优点、不足及需改善的地方，今后的打算；销售部门在介绍业绩时应以销售数据为重点）	员工（签字）：　　　日期：　年　月　日

试用期考评得分 （主管领导填）	行为得分		出勤得分		业绩得分		总分	备注
	35 分		15 分		50 分			

主管领导评价 注： A+ 表示非常优秀 A 表示优秀 B+ 表示良好 B 表示合格 C 表示待改进 D 表示不合格	1. 专业水平：A+（　）　A（　）　B+（　）　B（　）　C（　）　D（　） 2. 技术技能：A+（　）　A（　）　B+（　）　B（　）　C（　）　D（　） 3. 应变能力：A+（　）　A（　）　B+（　）　B（　）　C（　）　D（　） 4. 团队合作：A+（　）　A（　）　B+（　）　B（　）　C（　）　D（　） 5. 综合评价：A+（　）　A（　）　B+（　）　B（　）　C（　）　D（　）
	6. 请用文字总结： 主管领导（签字）：　　　日期：　年　月　日

考核结果：□合格，予以录用　□暂未达到要求，考虑延长试用期　□不合格，不予录用

备注：试用期间，每月由部门对该员工进行考核，结果记录于相应考核表中，所得的考核成绩作为试用通过的基准。

表 9-7   导师辅导评估表

编号：HR-No.-××

辅导内容		导师姓名		
辅导日期	___年_月~___年_月	辅导地点	填表人	
评估类别	评估内容	认同←→不认同		备注（简单解释）
		5　4　3　2　1		
辅导计划的制订与执行	与学员深入探讨辅导计划的制订			
	辅导计划的指导性强			
	导师严格按照计划跟进实习			
导师态度	导师对学员的重视程度			
	了解学员的思想动态并给予指导			
	导师指导工作的责任心			
技巧及方法	安排并指导学员参加相关活动（如大型主题活动）、工作会议等			
	导师的帮带和专业指导能力			
	锻炼学员的独立操作能力			
掌握程度	学员对导师辅导内容的掌握程度			
	学员对所学专业理论知识的运用程度			
	学员对工作岗位的掌握程度			
合　计				
其他建议				

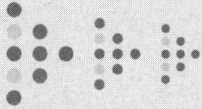

第 **10** 章

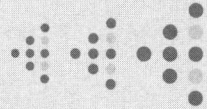

招聘效能评估

——过程评估和效果反馈

招聘能效评估包含哪些维度？

专业信度效度如何影响质量？

如何评估选拔方法是否适用？

招聘过程检核回顾哪些要点？

如何纠偏面试各方感受影响？

如何进行适岗期新员工回访？

招聘效能的评估是对招聘活动的重要检视，通过对招聘过程与结果的对照评价，有助于招聘人员寻找工作中的不足，总结招聘中的经验和教训，适时调整优化招聘过程与方法，提高招聘质量。

01 能效数据评估

评价招聘工作是否有成效，首先是来自用人部门需求的满足：需要的人招来了没有？什么时间能到岗？招来的人适岗吗？然后是，这次招聘花了多少钱？

1. 到位率的评估

招聘到位率即需求岗位数量的满足，计算公式为：到位率 = 到位人数 ÷ 计划招聘人数 ×100%。

2. 到位周期的评估

招聘周期是指从提出招聘需求到新聘员工实际到岗之间的时间，也就是岗位空缺的时间。一般来说，到位周期越短，招聘效果越好。因考虑不同类型和层次的岗位，其市场上的供求情况不同，根据招聘的难易程度，需结合实际情况，制定合理招聘到岗的周期预期，鼓励新员工在预期内到岗。

招聘周期统计为：自提出招聘需求日期开始至新员工报到之日期间的日历天数，同岗位招聘多人的，按平均每招聘 1 人所用天数。其计算规则可以按常态情况下进行分级分类，常态情况包括正常岗位接替，以原岗提出离职需要提前 30 天，考虑工作交接周期，则该岗位的招聘周期需求最大限度不能超过 28 天；而非常态下出现紧急职缺，岗位需求周期会非常紧张，这就需要有一定的外部资源的积累，尤其是流动率高的岗位，平时多关注该方面人才动态，才能有较快反应能力。因此，综合来看，招聘周期以一定时间的平均周期为统计口径，设计到位周期指标。例如，职员级平均周期为 25 天 / 人；经理级招聘周期平均为 40 天 / 人。

3. 招聘质量的评估

招聘质量的评估是对所录用的员工入职后的工作绩效表现、实际动手能力的综合评估，招聘质量的评估也是对招聘人才选拔方法的考察与验证，既有利于改进招聘方法，又为员工培训、绩效评估提供了必要的信息。对录用人员的适岗性评估关键在试用过程中，考核其是否能够准确领会工作要求，并按时独立完成工作任务，达成各项工作指标要求，以及在达到工作业绩结果进程中的表现，即能力素质表现。

适岗性评估的难点在于对录用人员的试用期限（考察期）的界定，考察新员工是否胜任工作的期限到底以多长时间为宜？这个期限的长短与岗位性质和员工个性特点相关。企业通常以约定 1~3 个月，或法定试用期 3~6 个月为限。约定期限的一般为操作性或事务性见长的岗位，其工作以周期及结果为导向，在既定周期内，工作交付结果符合要求则可认定该员工胜任工作。

因此，可根据岗位性质不同，将其对应的周期绩效评估结果作为考察新员工是否合格的标准，试用合格的则如期转正，而在该周期内绩效低于合格水平或主、被动离职的员工则被判定为不合格。也可以简单地将如期转正的员工占该岗位新到位人数的比作为衡量指标，即录用合格率，其计算公式为：录用合格率 = 上岗合格人数 / 招聘到位人数 ×100%。录用合格率与录用到位率之差则直观反映出当期招聘的有效性，也可以与往期或不同岗位间进行对比，以考察招聘有效性是否在提高或发现不同岗位间的薄弱点，以图改善。

4. 招聘成本的评估

招聘成本评估是指招聘过程中产生费用统计，对照预算进行评价的过程。通过成本核算能够使招聘人员清楚地知道费用的支出情况，与招聘效能综合指标结合，找到优化成本或渠道优化的空间。

招聘成本分为招聘总成本与招聘单位成本。招聘总成本即人员获取成本，含直接成本与间接成本。鉴于人员招聘效能指标的重要性及成本量化指标的可对比性，把人力资源全购置成本进行精算的在一般企业较少应用，因此间接成本不纳入统计。招聘单位成本 = 招聘总成本 / 实际录用人数，有些企业习惯在招聘单位成本计算时剔除试用不合格人数。花较少的钱，招更多的人，人均招聘费用则低；反之则高。不同的招聘渠道，其招聘成本构成不同，需求的岗位层级决定对应的获取渠道，在大致相同的获取应聘资源、人才质量的前提下，通过历史数据对比优化岗位单位招聘成本，或为招聘渠道的合理选择提供依据。

5. 招聘评估过程统计表单及数据解读范例

（1）某企业 1~11 月招聘结果统计可参见表 10-1。

表 10-1　　　　　20××年1~11 月某企业招聘结果统计表

招聘渠道	费用支出	对应层级	到岗人数	转正人数	人均招聘费
网络	5000 元	职员级（含一般管理岗位）	331 人（内调 13 人，离职 41 人）	277 人	25 元 / 人
现场招聘会	1800 元				
猎头	99622 元	专案岗位	8 人（离职 2 人）	6 人	16604 元 / 人
内部介绍	73100 元	生产一线工人	1188 人（离职 529 人）	659 人	136 元 / 人
其他	16480 元				
合计	196002 元	职员级需求 399 人，其中非销售类 51 人，综合到位率为 83%		942 人	208 元 / 人

上表数据解读：该企业属劳动密集型企业，从整体看，全年招聘费用支出196002 元，招聘到位 1527 人，如期适岗 942 人，综合适岗率 =（942/1527）×100%=61.7%。其中职员级新员工适岗率 =（277/331）×100%=83.7%，专案岗位适岗率 75%，一线员工适岗率 55%，一线员工适岗率过低将给现场管理及培训成本带来较大的压力，应从渠道、入职把关等方面查找原因；从招聘成本看，一般职员级获取成本最低，而猎头费用占去了招聘总费用支出的 50%以上，企业 HR 招聘对于专案类人才响应不足。其他信息数据合理性可结合同期数据、外部数据对比，进一步挖掘问题，找出偏差加以改进。

（2）岗位招聘成本分解表

表 10-2　　20×× 年 ××～×× 月各岗位人才招聘成本分解表

需求部门	岗位	渠道来源			累计提供简历份数	实际到岗人数 / 名单	费用支出明细				
		猎头	招聘会	网络	其他			面试交通费	猎头费	会员年费分摊	其他

02 | 质量信度评估

招聘方法的信度与效度评估指：检验招聘过程中所使用的各种测评方法的正确性与有效性，这有利于提高招聘工作质量。信度和效度是对测试方法的基本要求，只有信度和效度达到一定水平，才可根据测试结果作出录用决策，否则将误导招聘人员，影响其决策质量。

1. 信度评估

信度主要是指测试结果的可靠性或一致性，即反复测试总是能得出同样的结论。如果基本一致，测试方法的信度就高，反之则信度低。信度通常可分为：稳定系数、等值系数、内在一致性系数。

稳定系数是指用同一种方法对同一（组）应聘者在两个不同时间进行测试的结果的一致性。一致性大小可用两次结果之间的相关系数来测定。相关系数高低既与测试方法本身有关，也与测试因素有关。此法不适用于受熟练程度影响较大的测试，因为应聘者在第一次测试中可能会记住某些测试题目的答案从而提高第二次测试的成绩。

等值系数是指对同一应聘者使用两种对等的、内容相当的测试的结果之间的一致性。例如，如果对同一应聘者使用两张内容相当的个性测试量表进行测试，结果应当大致相同。

内在一致性系数是指将对同一（组）应聘者进行的同一测试分为若干部分加以考察，各部分所得结果之间的一致性可用各部分结果之间的相关系数来判断。

此外，还有评分者信度，即不同评分者对同一对象进行评定时所给分数的一致性。例如，多个考官在同一次面试中使用同一种工具给同一个被测试者打分，如果所给的分数相同或相近，则这种工具具有较高的评分者信度。

2. 效度评估

效度，即有效性或准确性，是指实际测试到应聘者的有关特征与想要测试的特征的符合程度。一个测试必须能测出它想要测度的性能才算有效。效度主要有三种：预测效度、内容效度和同侧效度。

预测效度是指测试用来预测将来行为的有效性。预测效度是考察人员选拔方法是否有效的一个常用指标。可以将应聘者在选拔中得到的分数与他们入职后的绩效分数相比较，两者的相关性越大，则说明所用的方法越有效，以后可根据此法来评估和预测应聘者的潜力。反之，说明此法在预测人员潜力上效果不大。

内容效度，即测试方法能真正测出想测的内容的程度。内容效度主要考察所用的方法是否与想测试的特性有关，如招聘打字员，测试其打字速度和准确性、手眼协调性和手指灵活度的操作测试的内容效度较高。内容效度多应用于知识测试与实际操作测试，而不适用于测试能力和潜力。

同侧效度是指对现有员工实施相关测试后，将测试结果与员工的实际工作绩效考核得分进行比较，若两者的相关系数越大，则说明此测试效度越高。这种效度测试方法的特点是省时，可以尽快检验某种测试方法的效度，但若将其应用到人员选拔测试时，难免因为受到其他因素的干扰而无法准确预测应聘者的工作潜力。例如，这种效度是根据现有员工的测试得出的，而现在员工所具备的经验、对组织的了解等，是应聘者所缺乏的。因此，应聘者有可能因缺乏经验而在测试中得不到高分，从而被错误地判断为没有潜力或能力。其实，他们若经过一定的培训或锻炼，完全有可能成为称职的员工。[1]

03 | 选拔方法评估

招聘选拔人才决定使用什么方法，要综合考虑时间因素、岗位性质、获

---

[1] 信度效度评估参见张厚粲、徐建平：《现代心理与教育统计学》第三版，北京师范大学出版社2009年版。

取信息与工作相关性以及费用等因素,在招聘评价过程中,可从如下数据中看方法的适用与否:

1. 从招聘结果评价方法的适用性

录用率:录用人数占应聘人数的比例,录用率 =(录用人数 / 应聘人数)× 100%,该值越小,相对来说录用者素质越高;反之,则可能录用者素质较低。但其选择周期可能相对较长或选拔成本相对较高,需加强前期筛选力度。

招聘完成率:录用人数占计划招聘人数的比例,招聘完成率 =(录用人数 / 计划招聘人数)× 100%。

如果该值等于或大于 1,则说明在数量上全面或超额完成了招聘计划。

岗位应聘率:应聘人数占计划招聘人数的比例,应聘率 =(应聘人数 / 计划招聘人数)× 100%。

该值越大,说明招聘信息发布的效果越好,同时,也说明人员的素质可能较高。

实际到岗率:实际到岗人数与通知录用人数的比例,实际到岗率 =(实际到岗人数 / 录用人数)× 100%,该值越大,说明录用人员的素质越高,组织用于招聘的时间、精力和金钱获得的回报越理想;反之,则说明录用人员的质量越低,企业在招聘过程所耗费的人力、物力、财力及时间越多被浪费掉了。

2. 从过程指标看选拔方法的适用性

渠道效益:每种渠道所吸引的申请者数量,分析资料来源占比。

每种渠道履历获取成本,其计算公式为:渠道费用支出 / 履历人选数量。

每种渠道合格申请者的数量及其占比,并分析其与总履历来源占比。

每种渠道合格申请人获取成本,其计算公式:渠道费用支出 / 合格履历人选数量。

合格履历为过程数据,一般情况下,以推荐给用人部门被选取进入进一步沟通的定义为合格,被选取的占比越高,一则表明该渠道越靠谱,再则表明履历筛选的方向与方法相对得当。如果三份里面都不能选到一份，则可能是搜索方向的问题或人力资源部门没有尽到筛选的责任。

筛选时间（周期）成本：面试组成人员人数 × 总面试时间 / 应聘面试人数。

根据对应的时间耗用，找到以时效性为要求的岗位最佳面试方法。

除了以上内容外，招聘评估还需关注会影响到招聘质量的过程回顾。

04　过程回顾检核

第一，招聘规划是否科学、合理和全面。一方面要考察现阶段是否有人才浪费和人才不足的现象，另一方面要考察所制定的招聘规划是否考虑到了组织的战略目标和未来发展。

第二，招聘人员招聘期间的言行表现。招聘人员的专业素养既影响招聘质量，也影响求职者的求职意愿和公司形象，因此必须予以考察，包括是否用心和用人部门一起探讨并明确招聘需求在内。

第三，招聘渠道选择的有效性。很多企业一开始就没有具体分析各招聘渠道之间的差别，盲目投放招聘信息，产生大量不合格的应聘者，影响整个招聘进程。因此，应考察不同招聘渠道的效果，根据所招聘职位的性质和企业自身的发展状况找出最有效的招聘渠道。

第四，招聘程序是否严格按照招聘规程和规范执行。

第五，招聘策略的选择、招聘方案的制订以及招聘程序的执行等方面是否与组织的使命、经营目标和价值观相匹配。

第六，录用促成的速度和拒绝候选人的态度和方式。

第七，新员工的满意度，包括对招聘人员的工作表现、所任职位和企业的满意度。对招聘人员招聘工作的满意度体现了对招聘人员招聘工作的感性认识，对所任职位的满意度能反映人岗匹配度的高低，对企业的总体满意度则反映了员工对企业的认同度。

05 | 面试参与感受

1. 来自候选人的感受

面试是一个双选的过程，候选人的感受直接影响其去留选择。世界 500 强等大型名企一般都有着规范的人才选拔程序，且相关的薪酬福利为行业的引领者，而更多的中小型企业尤其是民企，在同台竞争的环境中，在人才吸引上已经处于劣势。如何利用面谈这样的机会，凸显企业对有志于追求个人事业发展的唯一优势呢？聪明的 HR 们是在充分理解这一优势的基础上，于人才政策中创建与名企差异化的优势，并通过通俗的解释宣导，让目标对象因对此有突出的感受而来到面试现场。

例如，前期的沟通中，告诉候选人，公司能提供锻炼和成长的空间，在新员工过适应期后，有可能被授予重要业务，或能够胜任其他工作，被委以更重要的任务。相对大企业细分而机械化的工作机制，中小企业能给人才以更多的独当一面的锻炼机会，这对初入职场或经历过名企培养一段时间，具备成长空间需求的人才有较大的吸引力。再者，中小企业发展的空间相对较大，即"水很浅"，对新人关注度及其贡献关注度足够，新人容易脱颖而出，对于有能力且自信的人员，有较多获得职位升迁的机会，丰富其内职业生涯发展。最后，中小企业较易建立一种尊重人才和宽松和谐的工作环境，同事间的人际关系轻松简单，员工较易获得工作乐趣，而大多数人是渴望在一个有凝聚力和友好的团队中工作的。试想，带着这样的目的与憧憬而来的候选人在面试安排与场景中能找到印证的感受，面试也将是一场愉悦的沟通与分享。

也有些企业面试让候选人唏嘘不已，候选人的不满情绪主要体现在两个方面：首先，企业面试程序欠缺规范性与公平性，这比面试设计、面试官技术水平更为重要；其次，来自面试官的态度，包括面试官态度倨傲不友善、提问没准儿、要求没准儿、侵犯隐私等。

基于这些不良感受，其向外传递的是企业的负能量，大大破坏企业的外部形象，因此，企业对面试程序的要求及面试官的要求、沟通交流的技巧培训就显得举足轻重，培训内容详见后面章节中招聘内部培训之"面试官的要求"。

2. 关于面试官的感受

笔试的判断是依靠大脑的思维分析与综合，而观察评定主要是靠视觉与大脑的共同作用，面试则因为集问、答、视、听和分析于一体，因此各种感觉有一种共鸣同感的综合效应，其中直觉效应尤为明显。但在结构化面试约束下，面试官们的个人偏好得到了较好的抑制，在框架要求下的问答模式与评分标准下，总有着一些"意犹未尽"或"只可意会，不可言传"的感受，这些感受又有别于典型非语言表达中对应的科学解释，却让面试官得不到"证据"上的支持，而在综合评价层面找不准评价措辞。当面试官有这样的感受时，先考虑以下因素。

期望与偏差：面试官带着伯乐的使命感参加面试，发掘候选人的优势是职责所在，却也因角色优势，处于主动、支配地位，把握不好这些优势，变择优优势为"极端挑刺"，使期望值与实际偏差由心理因素转变为行为；或心理预设过高，没有候选人能够触及。因为不是所有的应聘者都能在面试前接受到系统的面试攻略或专业的应试培训，即使有，行为举止因习惯使然，应聘者也未必在短短面试半小时中能完全约束住自己不露马脚，面试官与候选人的信息处在不对称频道，候选人的答案多少会让面试官失望。基于这样的情绪，面试官产生想提供帮助的冲动或自炫优势行为都是不可取的。

面试疲劳：面试工作是需要精力充沛，注意力高度集中才能协同完成的复杂工作，但往往高强度的脑力活动（注意力集中）在前三十几分钟，当继续面试第二、三、四个候选人时，重复作业让面试官陷入懒散、精神萎顿甚至困倦状态时，容易出现打呵欠、吐长气、坐姿不端等疲劳现象，给面试双方造成影响，直接影响面试氛围，进而影响后面的面试质量。因此，在面试一个候选人结束后，建议评委们即时做出合议交流，并通过短暂休息十分钟，让思路回到起点，不让面试官受前一个候选人留下的印象而影响下一个候选人的面试。

3. 克服面试双方不良感受的磁场因素

面试双方的距离：一般地说，在室内，两人的目光距离一般应为 1.5 米，面试官的目光大体要在被试者的嘴、头顶和脸颊两侧这个范围活动，给对方一种你对他感兴趣、在认真地听他回答的感觉，同时以和蔼的表情与柔和的目光反馈给被试者。听被试者回答问题时，还应该以适当的点头相配合，因为点头是一种双方沟通的信号。点头意味着你注意听而且听懂了他的回答，或者表示你与他有同感，从而使对方心情愉快。

面试视线的影响：视线的角度和视线停留的部位能透露一定信息。面试官在面试过程中，最好保证注视时间占谈话时间的 30%~60%。视线的角度和视线停留时，如果想显示权威和居高临下，可采用视线向下，并用眼睛看着对方脸部的以双眼为底线，上顶角到前额的三角形区域。如果要营造平等气氛，则可采用平行的视线，用眼睛看着对方脸部的从双眼至嘴的三角形区域（即社交注视）。

问题补充机会：由于被试者在面试中处于被动地位，尤其那些初次参加面试的被试者过于紧张，开头几个问题往往发挥不出自己应有的水平。建议面试官在提问过程要注意给被试者随时创造弥补缺憾的机会。例如，对难度较大的问题，给予适当的思考时间或适当的启发；提问结束前，提问面试者对刚才回答的问题有否补充或让其自由发挥补充等。

面试场所的布置：一般来说，面试场所的布置包括面试场所的选择、桌椅的选择、桌椅的摆放位置和摆放角度等，这些要素既能营造出宽松、融洽的交流氛围，也能制造出紧张、威严的审判式氛围，从而对面试的顺利开展有着不容忽视的作用。用人单位应选择宽敞明亮的面试场所、舒适的桌椅，并合理布置桌椅的摆放位置和摆放角度，努力营造出平等、开放的沟通氛围，从而促进面试的有效进行。

06 适岗人员回访

企业对招聘效率、效能评估的初衷旨在进一步提高招聘质量与效率，员工流失率尤其是新员工的流失率也与招聘相关人员进行考核挂钩，可挂钩之后，该怎样帮助这些新员工平稳度过试用期呢？笔者通过内部建立推行入职回访机制，获得非常不错的效果。

新员工进入企业，对一切都是陌生的，最先认识的是人力资源部招聘人员，即在这个新的组织里，HR 从业人员可能是他唯一认识的"熟人"，那份亲近感不言而喻，因此，可采取"谁引进，谁跟进"的原则，办完入职手续的第一天，将新人带到用人部门的第一件事便是与用人部门确认指定引导人，这位引导人负责其工作伙伴的介绍及岗位相关工作引导，人力资源跟进人员将于新员工入职 1 周内、1 个月内、3 个月内等时点展开回访，其间对新员工提出的创意性意见、工作支持与协调等内容展开与用人部门相关成员的沟通。最后形成内部新员工入职引导手册，规范操作。入职回访问题要领如下：

（1）入职第一天需确定用人部门指定引导人。

（2）工作 / 生活区域功能了解；岗位职责内基本义务及工作内容了解；其他应知应会培训执行情况。

（3）回访日期时点（长），指导上司指导内容及评价，工作支持要点，建议及需协调事项。

（4）系统工作流程描述；工作目标达成情况；团队关联上下游衔接及关联部门认知；建议及协调需求等。回访记录可参见表 10-3。

表 10-3　　　　　20×× 年 ×× 月入职人员跟进回访记录表

序号	姓名	入职日期	所在部门	目前岗位	入职 1~7 天回访确认		入职 30 日回访记录	入职 90 天回访记录	协调事项	整体评价
					工作引导人	入职一周回访记录				

入职回访还有一个重要的意义，在于和用人部门一起参与新人的适应期管理与协调，促进新人团队融入的同时，观察印证人员筛选过程中的评价素质在实际中的表现，提高招聘与人才选拔的质量，多一个客观评价新人试用期合格与否的视角及培训发展方向的基础。

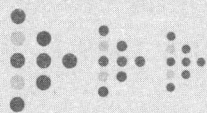

第11章

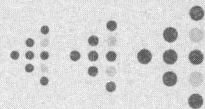

招聘流程优化

——不断提升管理水平

· ·

常见面试错误及其如何改进?

如何弥补人才选择错漏失误?

结构化面试环节要点有哪些?

人才选拔方法如何进步优化?

非 HR 人员的面试手册模板?

· ·

在招聘过程中，面试是企业最常用的鉴别人才方法，面对面地沟通也是企业与候选人增进互信了解的关键环节，然而我们往往在面试过程中犯下一些本可以避免的错误，浪费了宝贵的时间与资源，甚至与想要的人才失之交臂。

01　常见面试错误（过程错误及改进）

错误情形一：面试前的准备与沟通不足

面试官在见到候选人之前，对候选人情况不甚了解，将时间与精力纠结在对候选人基础信息的核实与质疑上，占用了宝贵的交流时间。

改进措施：人力资源部将候选人前期沟通内容整理形成候选人基础情况表，并就需要进一步沟通的内容设置提问大纲，于面试前 15 分钟发至面试官手中，候选人进场前，由面试主持人向（各）面试官确认，是否已了解候选人基本情况。

错误情形二：忘了面试目的

因为面试官的偏好对某个问题特别感兴趣，随着候选人的引导，面试变成了闲聊，所问的问题跟岗位素质需求毫无关联，完全忘了面试选拔的目的。

改进措施：如果在集体面试中出现该情况，面试主持人应做出诸如"注意提问时间进度"或以相关手势、纸条等方式提醒；若是单个面试，建议人力资源招聘专员或以记录员身份在场，适时起到促进与纠偏提醒作用。

错误情形三：难倒候选人

面试不同于智力测试，对于候选人回答错误或明显表示回答不上来时，面试官们忍不住来一番自认为正确的点评与"教化"，以难倒候选人并向同为面试官的同事们显示自己的高明又懂得收场，使候选人陷入唯唯诺诺或无言以对的境地，影响其他要素的发挥。

改进措施：一般不提倡问及诸如复杂速算、心算等高难度的问题，在确认候选人听清题意而回答错误或回答不上来的，递杯水缓和下气氛，快速切换至下一主题，并做好记录。

错误情形四：遗漏关联信息

不同面试官关注候选人的角度不同，面试过程中，面试官只是在应聘者的评价表上按自己的理解打分或做综述总评性质的记录，通常只是寥寥数语，个人问题间的关联信息缺漏，在面对多人面试时，面试官最后形成的可能是模糊断线的印象或串线印象，不利于最终选择。

改进措施：做好关键问答记录，圈出关联问题的矛盾点，于提问环节结束前，确认面试官有无补充提问，或将矛盾点以"……（遗漏内容）方面是否需要候选人补充"等进行提示。

02 选择失误改进

面试过后，面试官们在人员选择时可能会存在争议与分歧，最终决策由谁来定？有时面试官们选择一致认为能力突出的候选人，却在试用期早早败下阵来，出了什么问题？这就要看面试官在人员选择时有没有忽略了如下几个方面的问题：

1. 不清楚合格候选人应具备的条件或相关条件的优先顺序

面试官们花费较大精力在挖掘候选人是否能够成功的问题上，而忽略了工作成功所必需的相关知识、技能、素质和动力要素的集合；或者是忽略了岗位特点和要求，按个人感觉偏好，先入为主地放大其认为的优点偏好，忽略基础要素的优先排序。

2. 以点盖面，选择偏颇

候选人因其某项能力突出而获青睐，面试官就草率地作出决策。比如，某候选人客户开发能力突出，就认定其能胜任业务团队的管理岗位，而忽略岗位更需要的团队协调能力及团队管理能力的要求。

3. 信息失真或不对称

忽略了面试官和候选人的双向选择角色基础，以立场与目的不同，向对方提供了失真的信息，结果双方都没有形成对对方的真实认知，尤其是企业方以选择方居优心理，未提供必要的岗位真实信息，让候选人缺乏入职准备，埋下匹配失误的隐患。

4. 忽略候选人的工作动机

考官往往会把大量的精力集中在考察应聘者的专业知识、业务能力和工作业绩方面，而忽略了候选人的工作动机。如果候选人仅仅是为谋生保障来应聘，他会试图顺应考官的偏好，而隐藏自己的喜好和价值取向。同时更为严重的是，员工如果没有正确的工作动机，会缺乏对工作的主动性，并常常处于一种消极的工作状态，这种消极的工作状态会成为管理、考核、激励的工作障碍。

5. 综上问题的规避、改进要点

（1）完善面试整体结构

制定完整的面试程序，坚持以岗位胜任能力要素为导向，预先拟定框架问题及其对应的评价方法，并制定标准的等级评定体系，用以科学地评估面试中获得的信息。

（2）改善至消除招聘中的不对称信息

在面试后期，对意向候选人介绍以真实的、完整的有关企业和职位的信息，包括积极和消极因素，比如岗位发展机遇及难点挑战等。

（3）招聘队伍专业化及提高面试官素质

规范招聘对外窗口的规范作业，细化流程与服务，提升人力资源招聘专业化水平；通过培训、激励等手段，提高面试官素质。

03 | 面试结构规范

　　传统面试在实施过程中的诸多错漏与弊端，诸如人为因素造成的评价过程的不规范及评价标准因人而异等，使面试结果信度与效度不高，直接影响决策。如何克服传统面试中的缺陷？结构化面试应运而生，其具备程序严谨、试题规范、评价统一等特征。尽管结构化面试也是通过考官与应考者之间的交流来进行，但从形式到内容，它都突出了标准化和结构化的特点，在人才选拔实践中有如一把标准尺度，有利于系统考察候选人的真实水平，逐渐成为各企业同行们开展人才面试的较为常用的方法，掌握结构化面试操作要点，是实施结构化面试的基础。

1. 结构化面试的操作要点

要点一，面试测评要素的确定要以工作分析为基础。

　　在结构化面试中，需要评价的要素不能随意确定，而应基于前期系统的工作分析，由岗位胜任能力素质来决定。即人员录用的标准与岗位胜任能力要素密切相关，自然面试的提问要素要围绕着这些胜任能力而设，才能达成把对职位更合适的应聘者选拔出来的目标。属于新增工作内容的岗位需要就其工作内容展开工作分析，并从工作分析中提炼出岗位胜任能力要素。

要点二，面试的实施过程对所有的候选人相同。

　　在结构化面试中，不仅面试题目对应聘同一岗位的所有候选人相同，而且面试的指导语、面试时间、面试问题的呈现顺序、面试的实施条件都应是相同的。这才能使得所有的候选人在几乎完全相同的条件下接受面试，保证面试过程的公正、公平。

要点三，面试评价应有规范的、可衡量的评价标准。

　　针对每一个测评要素，结构化面试要有规范的、可衡量的评价标准。突出表现在每个要素都应有严格的操作定义和面试中的观察要点，并且规定每个评分等级（如优秀、良好、一般、较差）所对应的行为评价标准，从而使每位考官对候选人的评价有统一的标准尺度。评价标准中还应规定各测评要素的占比权重，使考官知道什么要素是主要的、关键的，什么要素是次要的、附属的。候选人的面试成绩最终还应经过科学计算法统计出来（对每个要素去掉众多考官评分中的最高分和最低分，然后得出算术平均分，再根据权重合成总分）。

要点四，面试官应由多名成员组成。

在结构化面试中，面试官的人数至少为 2 人，通常有 5~7 名面试官。面试官的组成常常根据拟任职位的需要，按专业、职务、岗位关联性等维度配置，其中应有一名是主考官，一般由他负责向候选人提问并把握整个面试的总过程。

2. 面试规范化保障

（1）根据岗位胜任能力模型，编制对应的一份面试题本，以及系列评价标准的评价表。

（2）提前与面试团队成员沟通确认：拟聘岗位面试中要检核的能力，对应能力要提的问题，面试提问先后顺序及问题分工，确认面试题本及当期面试的主试基调风格等（轻松氛围）。

（3）制定缜密的面试程序，安排一位面试主持人，建议由人力资源部成员（招聘主管）主持，其主要任务为：负责面试程序的宣布（包括提问分工与顺序、评价量表的使用及打分说明），面试指导语的解说及面试进程中的规范提示。

（4）时间安排上，一般不建议将同岗位应聘者于相同的时间通知到场，可安排间隔半个小时的时间差，再根据实际到场先后顺序进行临时调整。

H小贴士
uman Resources
面试过程中，礼仪需贯穿始终。例如，面试官着装及语言分寸，是体现企业尊重人才的一面镜子。

04 选拔方法优化

1. 完善方法，不断优化

在实际操作过程中不难发现，不同的岗位间有着太多的共性素质，又因岗位的不同，对这些共性素质所要求的等级有着一定的差别。再回过头来审视我们在招聘前所做的那些功课，基于工作分析所形成的岗位胜任能力，根据岗位所需要的才能（胜任能力及其等级要求），找到最佳的评价方法，形成对职业资格的良性闭环应用，不断优化岗位对应的人才选拔方法，提升招聘质量效率与管理水平。

根据企业实际情况，制定规范的招聘操作程序与要求，可以用于企业分支机构或远程非 HR 招聘指导。

2. 观察入微，面试无处不在

结构化面试相较于传统面试有着更多的优点，但也面临着流程固化与问题老化的问题，在互联网便捷的搜索与强大资源的支持下及各类面试攻略的技术性引导下，稍有准备的候选人便能胸有成竹地通过，超级"面霸"更能超越。因此，掌握一些非常规面试，练就一些非常规面试技巧，在接待来访者的过程中，顺便就能获得常规面试不能获得的信息，综合分析这些信息，其中的有些信息起着关键取舍的作用。利用面试前的资料交验过程看候选人的条理性、物件保管的严谨性；填写资料过程中，通过候选人字体工整性看其是否有逾越表格的状况；有陪餐机会时，通过吃相看偏好，或如食肉偏好还是食素偏好等观其动力；面试结束时，是候选人最为放松的时段，通过候选人此时的言谈举止观察到"蛛丝马迹"，其内心的想法多数在这时候会"溢于言表"。

3. 看透问题背后的答案

HR 从业者往往感叹领导看问题的角度与自己大相径庭，明明自己提出的问题是 A，而领导的答案非 A 本身的答案，而是"背后"的答案，这是频道没调对还是高度不一致？不妨从那些会带队伍的高阶领导的角度来考虑这个问题。

笔者曾在一家公司任职人力资源经理，一次向领导进行常规工作汇报请示之后，正准备转身离开其办公室，领导似在自言自语地说了句"等等，前天晚上的聚餐上，运营部的陈总几乎没怎么动筷子……""啊，他对海鲜过敏，那晚是海鲜大餐哦。"说完笔者抬头看领导，咦？他没听到似的，紧锁着眉头没后文了。领导问这话的意思不在于陈总没吃这顿饭本身，而是正在为当时新设立分公司选总经理伤脑筋。"啊，我了解下他的近况，再跟您汇报。"领导的眉头舒展开了，赞许地点头示意笔者离开。

05 | 非 HR 面试手册

企业因经营的需要，一些驻外机构的业务人员招聘可能会由基层业务人员去面试，而这些非 HR 从业人员通常不知如何去选人，故而为他们量身打造一份面试手册则显得很有必要。下面是某公司为下属业务机构招聘导购员所做的一份面试指导手册。

【范例】 XX 公司非 HR 人员面试指导手册

面试过程是面试者与工作申请人之间进行互相判断的过程，对申请人的热情接待、高效而有条理的安排及接待者或面试者良好的专业素养，有利于申请人对公司形成正面的印象。

第一条 对考官的要求

1. 考官在态度、表情上必须表现得热情、诚恳，让应聘者把想说的话充分表达出来。考官还应对面试做简要记录。

2. 不论应聘者的出身、背景之高低，考官必须尊重应聘者人格和才能，杜绝因某些非评价因素而影响对应聘者做客观评价的情况。

3. 考官须对组织架构、人事政策、福利政策、招聘岗位的任职资格、工作职责等有全面的了解。

第二条　面试的作业流程

1. 初试：主要由行政文员 / 专员或人事专员实施，其作用是过滤学历、经历和资格条件不合格的人员，初试时间为 15~30 分钟。

2. 复试（尤其是专业测试）：初试通过后，进入笔试或封闭式面试或现场技能测试等程序。由人力资源管理者（销售行政、生产行政或总部人资部）和用人主管做评定式面试，这类面试时间通常为 30~60 分钟（具体流程详见《销售招聘管理流程》，非销售类招聘流程不变）。

3. 背景调查：一些重要岗位和特殊岗位需要进行背景调查（由招聘主办方完成——适用于销售 / 生产行政岗位）。

4. 确认：按照招聘管理流程商定薪资待遇（用人部门在面试时严禁向求职者允诺薪资，但可以了解应聘者期望的薪资待遇并做信息记录与反馈工作），由人资部或经授权者与求职者确定薪资待遇、报到日期等。

5. 反馈：对于未被录用的候选人，招聘主办方原则上需在 7 天内给予面试结果的反馈，告知对方未能被录用的具体原因，并向候选人说明其已进入我司人才库，在合适时机我司还会与其联系，请候选人关注我司招聘信息，同时致谢候选人抽时间参加面试。对于可录用的候选人，与其确定薪资、报到时需携带的资料、报到时间等。

第三条　面试的地点及记录

面试时最好在独立的房间进行，保证场所安静不受干扰；考官须做一些必要的记录。

第四条　面试的技巧

1. 学会听。考官要想办法从应聘者的谈话里，找出所需要的资料，因此一定要学会听的艺术。

2. 学会沉默。当问完一个问题时，考官应学会沉默，看应聘者的反应，最好不要在应聘者没有开口回答时，或者感觉不了解你的问题时，就解释你的问题。若保持沉默，你就可以观察到应聘者对问题的应对能力，因为应聘者通常会补充几句，而那几句话通常是最重要的也是应聘者最想说的。

3. 应对特殊类型的申请人

（1）过分羞怯或紧张者

①询问一些比较简单的封闭性的问题；②使用重复或总结的谈话方式加强沟通；③使用带有鼓励性的语言或非语言信息。

（2）过分健谈者

①直接打断他的谈话，引导到需要的主题上来；②提问时要求其简要回答；③当他偏离主题时，可表现出无兴趣的表情或动作。

（3）生气或失望者

可以说几句解释或道歉的话，但最重要的还是要告诉申请人，既然来了，说明他还有兴趣，不妨互相多做一些了解，对双方都有好处。

（4）支配性过强者

应比较有礼貌而又坚决地告诉他，他想了解的问题将在后面必要时谈到，将他引导到主题上来。

（5）情绪化或非常敏感者

说一些安慰的话，先让其尽量平静下来。等他情绪平静时，再与其面谈。

第五条　面试的重点

序号	要素	分解参考
1	个人的特性	应聘者的资格包括应聘者的体格、健康情形、举止、穿着、语调，个性内向或外向，是否积极主动、为人随和，是否一直在抱怨过去的同事、公司以及其他各种社团的情形等，从应聘者的结交情况来了解其与人相处的情形，包括应聘者的兴趣爱好，喜欢的社团以及所结交的朋友，这些要依靠面试人员对应聘者的观察。
2	稳定性/忠诚度	应聘者是否常无端换工作，尤其要关注换工作的理由，假如是刚毕业，则要了解其在学校中参加过哪些社团，稳定性与出勤率如何。另外，从应聘者的兴趣爱好中也可以看出应聘者的稳定性。通过其谈过去的主管、部门、同事及从事的事业的情况，就可判断出应聘者对事业的忠诚度。
3	工作经验	除了要了解应聘者的工作经验以外，更应该从问题中观察应聘者的责任心、分析解决问题的能力、职位变迁的状况，以及变换工作的原因。从应聘者的工作经验中，我们可以判断出应聘者的责任心、自动自发的精神、思考力、理智状况等。

续表

序号	要素	分解参考
4	专业技能	专业、培训经历和工作经历等是否符合申请岗位的要求。
5	领导／学习能力	招聘管理者时，特别要注意应聘者的领导能力和学习能力。
6	个人规划／潜力	包含应聘者的职业规划、理想的目标及发展的潜力、可塑性等。
7	待遇、报到时间	所有管理员级的薪资待遇按招聘管理流程进行确认，未协商一致前不得承诺求职者任何待遇方面的要求，以便公司的薪资和其他待遇的统一管理；了解其可以报到的时间。

面试记录表

申请职位：_____　　申请人姓名：_____　　面试日期：_____

项　目		表　现		
身　高		□高（175CM 以上）	□中等（165~175CM）	□矮（165CM 以下）
体　型		□胖	□瘦	□匀称
外表印象		□整洁、大方	□一般	□不修边幅
语言表达	普通话	□流利	□一般	□较差
	英　语	□流利	□一般	□较差
	其　他	□流利	□一般	□较差
简历中发现的尚需进一步核实的问题	推荐礼貌用语：尊敬的 ×××先生／女士，对于您简历中提到的相关内容，我需要作进一步请教：（面试前简历中提炼） 1. 2. 3. 4.			

面试内容及结果评价			
要素	提问	问　题	回答记录
基本情况		请简要地描述您从前的工作经历和工作成果。	
		您对我司以及您所应聘的岗位有什么了解？	
		您为什么要辞去原来的工作、重新求职？	
		什么样的单位是您求职的第一选择或选择职业最重视的因素是什么？	

面试内容及结果评价			
要素	提问	问　　题	回答记录
工作经历		请描述一下你的工作及职能；你喜欢哪些工作，不喜欢哪些？你在工作中有何收获或有过什么良好的建议和计划？	
		在该公司一直从事同一种工作吗？如果不是，说明曾从事过哪些不同的工作、时间多久及各自的主要任务、结果。	
		你对委任的任务完成不了时如何处理？	
专业背景		你认为你申请的这个岗位应当具备哪些素质？	
		你接受的哪些教育或培训将帮你胜任申请的工作？	
		请简述你对你所从事专业的理解，在专业方面有哪些重要成果？	
		你申请的职位在公司里应当承担的主要职责是什么及需具备哪些素质？你有哪些方面的优势能胜任这一职位？还存在哪些缺陷和不足，准备如何来弥补？	
		谈谈你对本专业发展情况的了解。你认为业界今后的发展如何？	
		公司主管和同事对你的专业特长和能力作何评价？	
		（询问有关专业术语和专业领域的问题）	
		（专业领域的案例分析或现场操作）	
工作模式		单独工作与多人协作（团队工作）在你以前经历中哪个机会更多？工作特性还是个人习惯？	
		在工作中你喜欢用哪种形式沟通？你认为什么是最有效的沟通形式？	
		你如何使自己了解业务上的最新动态？	
价值取向		你对原来的单位和上司的看法如何？	
		业余时间你通常用来做什么？	
		你有哪些兴趣爱好？	
		描述你上一次在工作中挨批评的情景。	
		你未来3年内的目标是什么？如何实现？	

续表

面试内容及结果评价			
要素	提问	问题	回答记录
自我评价		人无完人，你希望今后对哪些方面进行完善？	
		你认为自己突出的优点和明显的缺点各是什么？品格或业务方面都可以谈。	
薪资待遇		是否方便告诉我你目前的待遇是多少？你所期望的待遇是多少？	
		你要求公司必须具备的福利有哪些？另外希望公司提供什么样的福利？	
背景调查		是否介意我们通过你原来的单位做一些调查？	
考官增设问题			

序号	结果评价	权重	评分（0~100分）	得分
1	求职者的健康状况、仪容仪表、气质、性格类型等是否符合本工作要求？	5%		
2	求职者的教育程度是否符合所聘职位的要求？	5%		
3	求职者的专业技能和专长能否符合所聘用职位的工作要求？	15%		
4	求职者的工作经历是否符合所聘用职位的要求？	15%		
5	求职者的态度及工作抱负与本单位的工作目标是否一致？	5%		
6	求职者的随机应变能力如何？	10%		
7	求职者的综合分析能力如何？	10%		
8	求职者的潜能是否在本单位有继续发展的可能？	10%		
9	求职者所表现出来的综合素质是否足以担当所要任命的工作职务？	20%		

面试内容及结果评价				
序号	结 果 评 价	权重	评分 （0~100 分）	得分
10	求职者所要求的待遇及其工作条件是否适合本单位所能提供的条件？	5%		
合计		100%		
综合评语以及录用与否建议： 　　　　　　　　　　　　　　　　　　主考官签名 / 日期：				

【提示】本表中的"问题"仅供参考，考官可以根据实际情况进行调整。

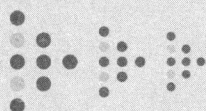

第 **12** 章

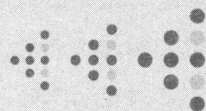

测试题库建设
——借我另外一双慧眼

· ·

何为题库建设整体思路目标?

题库建设过程遵循哪些原则?

题库建设分步实施路径要点?

如何编码、出题分工与组合?

常见题型如何进行组合应用?

常见心理测量工具应用释义?

· ·

　　招聘选才过程中，除了需要掌握相关的技巧以外，还应科学构建测试题库。无论是面试还是笔试，试题是重要的"试金石"。对包括经验型在内的多数招聘实践者而言，了解如何出题，如何针对不同的岗位出题，即如何构建企业专属的序列"试金石"，可以让"问对问题选对人"变得更加科学、简单！

题库建设整体思路

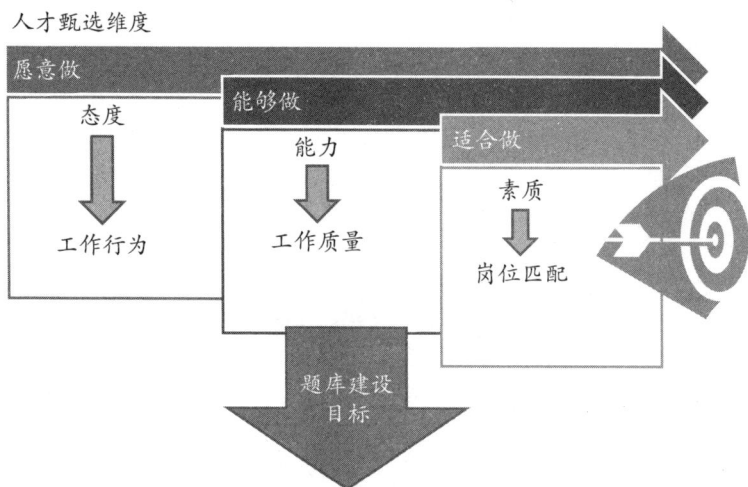

人才甄选维度

愿意做

能够做

适合做

态度 → 工作行为

能力 → 工作质量

素质 → 岗位匹配

题库建设目标

任职资格要素识别系统

知识智力　　行为能力　　胜任素质

问对问题

"慧眼"识人

01　题库建设的目标

1. 建设招聘选才题库的整体目标

通过对笔试、面试、测评等试题的有序结合，形成岗位序列对应层次的问题题库，可以让企业按需准确地调取对应的选题，有助于企业更科学、精准地进行人才甄选。

随着计算机技术及心理测量等专业应用领域的拓展，一些知名企业已先行构建起了以胜任能力模型为核心的测评体系。然而，更多的企业（尤其是中小企业）的 HR 同行们，在日常招聘工作中积累了丰富的经验，也有着适用于企业自身一定时期特有的"选才套路"，在暂不借助外力的情况下，依靠内部团队的智慧与力量，也可以进行系统与逻辑关系梳理等，逐步构建起企业专属的题库，并通过不断地验证、修正来完善题型配比。

2. 题库建设分级原则

（1）面试与笔试的互补原则：知识层面、智力及专业类，具备一定深度思考与专业性较强的实操类，且有明确对错之分或标准答案的问题，建议以笔试形式出现；而一般客观性问题，题量太大，回答只需要倾向性判断，宜用于面试中提问。避免面试与笔试问题重复或后者成为前者的延续，抹杀各自的优势。

（2）出题针对性原则：根据岗位特性，紧扣基于任职资格要素的一项或几项维度进行考察，明确考察要点，制定有针对性的评分标准，同时考虑应试者群体所熟悉的领域相关性，避免出题思路的逻辑性错误，如时间顺序、结构顺序及其重要性等因素。

（3）可鉴别性原则：出题需具备一定的鉴别度，即能将同一要素上处于不同水平的被测试者区别出来。例如，岗位任职资格对某些知识的能力层次有不同的要求，可分成 5 个层次：认识、理解、应用、分析及综合，则对应的出题思路按照这 5 个层次展开。

认识（记忆）层面，熟悉基本术语、概念与常识，记忆与简单模仿能力。

理解层面，初步领会知识主要特征，对具体术语、属性具理解、判断与思维能力。

应用层面，直接应用于解决一般性问题，反映比理解层次更高的思维能力。

分析层面，了解某些知识内部结构，处理复杂的问题。

综合层面，综合各相关知识，进行创造性思维能力。

通过以上分层，同岗位序列对某一知识的要求各有侧重，可按要求设置不同的权重，如果岗位在知识应用层面强调要求的，则在该层面设置较高权重进行区分，而要求知识广度的，则在多元知识要素的认识、理解或应用层面，按横向要求或渐进式设置。

（4）难易适中原则：出题应避免过于简单或难度过高，以免初试者得分普遍较高或出现得"地板分"效应。难度系数应根据同一层次的被测者答对率来检验，再做反复修正，如 70% 答对的，则难度系数为 0.7，有一半答对的，则难度系数为 0.5。

（5）延展性原则：在形式的延展上，采取开放性题目，可激发应试者的积极性；在内容的延展上，题与题之间保持一定的关联性，便于规弊趋利或测谎。对于主观性试题，虽然没有标准答案，但需要衡量参考及倾向，进一步以关键行为参考作为支撑识别所考察的要点。例如，考察"组织协调能力"，应明确这一岗位对组织协调能力的要求是什么，具备这一能力素质的人一般会有什么行为表现，不具备这一能力素质的人会有什么行为表现，或对这一类问题，一般应聘人员的哪些反应是有效的，哪些是无效的。

02 | 题库建设流程

1. 制订编制计划

制订"试题编制计划"，对整个试题编制工作进行通盘构思。对此，应明确以下问题：

（1）测试对象：了解岗位需求及应聘人员的总体情况，如学历、专业、工作经历等。

（2）测试项目：明确对哪些知识点、能力水平、素质项目进行测试/评，以及其结果的等级要求。

（3）测试目的：明确为何测试及测试结果的应用范围。

（4）测试模式：明确"笔试＋面试"模式及其对应的比例，各测试考察要点占比权重等。

（5）题型：明确采用哪些试题及题型。

（6）取材范围：明确选用哪些素材。

（7）对拟题工作的质量与数量要求。

（8）计划的进度分解、出题分工等。

2. 编制题卡

为了规范试题的分类选择及组合的需要，对相关试题识别目标、质量程度要求等设计编码形成目录，应在后续对应具体试题建立题卡或试题集（册）。每一类试题卡，应包括下列几项内容：

（1）试题。即题目，包括"给定条件"和"作答要求"两部分。

（2）答案。面试题的答案，情况比较复杂。有的是有唯一正确答案的，如知识测验；有的是没有统一答案的，但有"可接受答案""允许答案"；有的是既没有统一答案，也没有"可接受答案""允许答案"，只需应聘人员作出答案就行。题卡中，要针对这些情况分别载明答案的类型：如正确答案、参考答案、答案要点、允许答案、可接受答案、无统一且不需统一的答案等，进行区别标注。

（3）用途。即该试题的测评意图、可测评的项目或预期效果等。

（4）标准。即测评、面试结果评级评分的细化标准。

（5）使用方法。告知题卡的使用方法及注意事项。

3. 试题的试测与分析

试题编制好以后，要对其质量进行鉴别，即对该题的鉴别力、难度、形式等问题进行判断。最好的鉴别方法，是先选择一些"应聘人员"进行测评，通过使用来验证试题的质量。在进行试题分析时，也可以与用人部门主管沟通，让用人部门主管参与分析，或请用人部门参与试测、试用，然后进行修正与定稿。

4. 编制测评要素试题库

测评要素是在前文所述的任职资格之上，基于胜任能力要素的测评。一般测评要素包括通用要素及个性化要素。例如，逻辑思维能力、语言表达能力、组织协调能力、应变能力等，这些是很多岗位都会涉及的通用测评要素。另外，如谈判能力则一般是销售、采购的个性化测评要素。企业可根据自身实际情况，建立通用测评要素及个性化测评要素所分别对应的试题。

5. 进行试题组合

针对不同的岗位，建立适用其基于岗位资格要素识别与胜任能力识别的工具组合是题库建设的核心，再根据岗位对不同素质要求进行对应选题并分配权重，最终形成为岗位序列所需的试题库。

03 题库设计方法

基于题库建设的以上五项原则，为便于题型的丰富、更新及预防泄题风险，题库设计以编码分级、拆组开放的方法展开。

1. 编码分级办法

根据企业自身情况，建立岗位任职资格识别指标库框架，承接任职资格分析或胜任能力模型，建立题库模型，作为题库总指导评价与释义，如表 12-1。

表 12-1   一级框架设计表

模块	代码	级别与定义 （承接任职资格 / 胜任能力模型内容描述）				
		1 级	2 级	3 级	4 级	5 级
知识	K					
智力	S					
技能（力）	V					
素质	Q					
释义：分级定义参照岗位任职资格要求或胜任能力要求进行界定。						

二级框架分解：

在模块归类的基础上，进一步建立以知识、技能及素质三大模块的"通用与专业"要素二级分类代码，以对应代码标识，建立"由易到难"的分阶段命题，如表 12-2 对知识分类由"认识到创新"进行分级。

表 12-2   "知识"模块分类模板

模块分类 （知识）		分类代码	能力水平级别 （从认识到综合分级由易至难出对应题目）				
			认识	理解	应用	综合	创新
通用知识	行业 / 领域	K I					
	产品 / 服务	K II					
岗位专业 分类知识	专业一	K III					
	专业二	K IV					
	专业三	K V					
	专业四	K VI					
	专业五	K VII					
	专业六	K VIII					

技能、素质相关要求可参照格式，进行如技能分级、素质测评分段计分的方式进行细化，使包括公司各类岗位素质要求等都能从中选取到对应的测试题。

2. 出题分工要点

确定好框架，进行题型分类及具体出题任务分解，各岗位素质测试题题型相对容易确定或固定，具体题目来自工作实践素材的，建议由实践部门领题（为便于区分与选择，每项要素对应的单位题型题量应不少于 3 项，题量以数字编码为目录，难度系数 / 能力水平与题量编码数字顺序规则进行区隔）。再结合岗位需要的从业人员当前素质，按编制题卡要求进行编制，形成如表 12-3。

表 12-3 　　　　　　　　　岗位要素识别配题表

岗位要素（编码）	素材（来源）	题 型	题量（编号）	难度系数	能力水平
例：KI（行业知识）	例：行业标准 行为实践 出错案例……	面试观察题 口试问答题 笔试、测评……	1，2，3，……	0.3~0.85	优、良、中、差

3. 岗位选题组合

通过足够的岗位要素识别题型（题量），再根据具体岗位的任职资格及胜任能力描述清单，建立该岗位应测试项占比权重及应考察项相关素质要求，在《岗位要素识别配题表》中找到对应的题型、编号，建立岗位试题组合卷。同岗位序列可能因工作要求的差异性或团队互补的需要，对具体题型的难易程度稍有区别或侧重，可在选题配题时建立 A 卷、B 卷进行区别。例如：岗位测试选题维度占比（表 12-4）。

表 12-4 　　　　　　　　　岗位测试选题维度占比

岗位名称	测试维度占比 (100%)			素质匹配度（测评结果）
	知识	智力	技能（能力）	
例 1：IT 工程师	20%	30%	50%（如：编程能力）	

岗位名称	测试维度占比 (100%)			素质匹配度（测评结果）
	知识	智力	技能（能力）	
例 2：招聘专员	30%	15%	55%	
例 3：×××经理	30%	25%	45%	

04　常见题型范例

1. 面试考察题型（根据应聘者的回答，进行评分，按照优良中差等级，权重为 15 分的，优 13~15 分，良 10~12 分，中 6~9 分，差 0~5 分；权重为 10 分的，优 9~10 分，良 7~8 分，中 4~6 分，差 0~3 分）

范例 1：逻辑思维能力

（1）你觉得你在解决问题时凭逻辑推理还是仅凭感觉？请根据你以前的工作经历来谈谈你的体会。

（2）举一个过去的例子说明，在作出决定时，必须进行认真分析、周密考虑。请说说你作决定的过程。

（3）假如另一部门的某位员工经常来打扰你部门员工的工作，你有哪些办法可以解决这个问题？为什么？

（4）你为什么选择这个行业，而不做其他行当呢？

参考行为表现：

——清楚问题的源头，并具备对问题的分析比较能力；

——思维与知识的宽度、广度与解决问题的条理性清楚；

——明确的择业观与就业动机。

范例 2：考察应变能力

（1）讲讲你曾经以改变工作方法来应付复杂工作情况的经历。

（2）假设这样一个工作经历：你的老板让你承担非你本职工作的任务，而接下任务的话，你就无法按时完成自己的本职工作。这种情况下，你是怎样办的？

（3）你认为什么样的人最难在工作中一起共事？你用什么方法和这样的人成功共事？

（4）来面试之前，你做了哪些功课或者说是攻略？你准备掩饰你哪方面的不足？（根据回答内容进行优缺点追问）

参考行为表现：

——了解自我认知能力及情绪的稳定性；

——被洞悉后不仅坦然还能做到思维敏捷；

——熟悉自身的自制能力与处理连续问题的能力。

范例 3：考察组织文化敏感性

（1）你所在的组织的文化是什么样的，讲讲在这样的文化中，你是如何工作，实现工作目标的？

（2）谈谈你运用组织中非正式的关系网络来帮助你完成某项工作任务的经历。

参考行为表现：

——了解自己组织或其他组织的非正式架构（决策者、影响者）。

——能否识别出组织内存在的某种没有言明的约束力，对潜在文化因素或事件有识别。

——了解组织的运作模式，能够预见某一新事件或者情况将如何影响公司的某些人或某些部门。

范例 4：考察谈判能力

（1）请举例说明，面对强硬的对手时，你是如何推动双赢协定的达成的？

（2）讲述你遇到的最难的一次谈判经历。

（3）"知己知彼，百战不殆。"讲述一次由于你的充分准备帮助你成功说服他人接受你的观点达成协议的经历。

参考行为表现：

——协议或共识是建立在事实或依据的基础上；

——沟通灵活、敏感，掌握对方的反应；

——充分理解对方的观点和需求，能清楚地表达自己的观点和需求；

——通过求同存异达成共赢的局面。

范例 5：考察压力管理能力

（1）工作中难免遇到一些危机，讲述一次你遇到的突发事件，你当时是如何处理的？

（2）有些事情我们无法控制，领导临时交代你一项紧急且重要的事情，而你刚好手头还有一项紧急而重要的事情要处理，你将如何处理？结合实际讲述一段你的经历。

参考行为表现：

——即使在压力存在的情况下，依然有条不紊地做事，并能很好地完成工作；

——遇到自己无法掌握的事情时，能够冷静地重新调整计划，确定优先顺序；

——在危机中是否表现得头脑冷静。

范例 6：考察团队领导力

（1）谈谈你在团队管理工作中最有挑战性的一段经历。

（2）当团队士气低落时，你是如何鼓舞士气的？谈谈具体的经历。

（3）你如何确立自己在团队中的领导地位和威信，谈谈你在这方面的经验。

（4）在团队建设方面，你认为失败的例子，当时情况怎么样？

参考行为表现：

——付出个人心力，公平对待团队中的所有成员，运用技巧或策略，提升团队士气和工作效率。

——确保受到决策影响的人得知必要的信息，明确领导作用，确保他人接受领导安排的责任、目标、计划和政策等。

2. 笔试题型（以考察知识、智力为主）

范例 1：逻辑分析能力

（1）最近的一项研究指出："经常吃沙棘果对儿童的智力发育有益。"研究人员对 560 名儿童进行调查，发现那些经常吃沙棘果的儿童，其智力水平较很少吃沙棘果的儿童要高。因此，研究人员发现了沙棘果与儿童智力发育之间的联系。以下哪项如果为真，最不可能削弱上述论证？（答案 A）

A. 对成年人的研究发现，每天吃沙棘果的人智力水平并不比很少吃沙棘果人的高。

B. 调查显示：沙棘果价格非常高，只有富裕家庭的儿童才经常吃，同时这些家庭有条件实现儿童的早期智力开发。

C. 这项儿童发育研究的课题负责人是沙棘果生产商，其目的就是要扩展沙棘果的销售渠道。

D. 沙棘果是儿童喜欢的食品，家长经常把沙棘果作为礼物奖给智力表现优异的孩子。

（2）下面的题目中列出了一系列事件，每一个事件都是以简单短语表达的。请按照逻辑顺序排列。

（A）去参加会议　　　　（B）接到电话　　　　（C）会议已经开始

（D）碰到熟人　　　　（E）发表自己的意见

你认为正确的排列顺序是：答案：B–A–D–C–E。

（3）三个大学生租下某旅馆的房间作为宿舍，每人交了1000元。旅馆经理对服务员说，大学生还没有工作，挺困难的，退给他们500元吧。服务员在找大学生的路上想：500元他们不好分，干脆给他们300元算了，我还能捞200元。于是，他把200元装进自己口袋里，只退给大学生300元，现在计算：大学生每人实际交了900元，一共交了2700元，加上服务员的200元，共2900元，比原来的3000元少了100元。那100元哪里去了？

答案：2700元里面含了服务员的200元，300元是退给学生的。

范例2：书面语言理解能力

（1）有一种很流行的观点，即认为中国古典美学注重美与善的统一。言下之意则是中国古典美学不那么重视美与真的统一。笔者认为，中国古典美学比西方美学更看重美与真的统一。它给美既赋予善的品格，又赋予真的品格，而且真的品格大大高于善的品格。概言之，中国古典美学在对美的认识上，是以善为灵魂而以真为最高境界的。

通过这段文字我们可以知道，作者的观点是（答案 C）。

A. 正确而不流行　　　　　　　　B. 流行而不正确

C. 新颖而不流行　　　　　　　　D. 流行而不新颖

（2）一个地方的文化思想，往往有一种保守或顽固的性质，虽受外力压迫而不退让，所以文化移植的时候，不免发生冲撞；又因为外来文化必须适应新的环境，所以一方面，本地文化思想受外来影响而发生变化；另一方面，因外来文化思想须适应本地环境，所以本地文化虽然发生变化，还不至于全部放弃其固有特性，被完全消灭本来精神。

对这段话理解不正确的是（答案 D）。

A. 地方文化保守、顽固地坚持其自身特性而与外来文化发生冲撞

B. 文化的冲撞中地方文化及外来文化都发生了相应的变化

C. 地方文化与外来文化之间面临的共同问题是对彼此的适应

D. 地方文化与外来文化融合过程中完全消灭彼此的本来精神

（3）目前，有许多正在装修的家庭缺乏家装常识和经验，自作主张，随心所欲。而有些家装公司为了经济利益更是推波助澜，对业主的要求唯命是从。但装修后终究是住户自己居住，如果留下隐患，造成邻里纠纷，出现质量事故，只能自食其果。这段话的意思是（答案 A）。

A. 装修不能随心所欲，要注意质量

B. 家装公司装饰不负责

C. 正在装修的家庭缺乏家装常识

D. 装饰后的房屋由住户自己居住

（4）领导者的影响作用是整体性的，也就是说，职权影响力和个人影响力在领导过程中，总是相互联系、相互交织地发挥作用的。对领导者来说，为了实现领导，必须有一定的职位权力，才能借以推进他所负责的工作。但是，如果领导者只凭职位权力去推进工作，甚至滥用权力，以权压人，事情肯定是办不好的。这段话主要支持了这样一个论点，即（答案 D）。

A. 对领导者来说，做好领导工作靠的不是职权影响力，而是个人影响力

B. 对领导来说，发号施令，滥用权力，以权压人，往往做不好领导工作

C. 对领导者来说，为了实现领导，有一定的职位权力是最重要的

D. 对领导者来说，将职权影响力和个人影响力综合起来加以运用，才能

提高领导效能

3. 岗位专业能力题型

根据岗位类别设计笔试试题，一般此类试题设计倾向于专业知识及具体应用能力。考察专业知识试题涉及具体工作应具备的常识基础，没有这个基础支撑，知识再丰富对于履行岗位的基础要求也无补益。如下 IT 岗位：

范例：IT 类（考察专业知识）

（1）请你分别画出 OSI 的七层网络结构图和 TCP/IP 的五层结构图。

（2）请你详细地解释一下 IP 协议的定义，在哪个层上面？主要有什么作用？ TCP 与 UDP 呢？

（3）请问交换机和路由器各自的实现原理是什么？分别在哪个层次上面实现的？

（4）请问 C++ 的类和 C 里面的 struct 有什么区别？

（5）请讲一讲析构函数和虚函数的用法和作用。

（6）全局变量和局部变量有什么区别？是怎么实现的？操作系统和编译器是怎么知道的？

（7）8086 是多少位的系统？在数据总线上是怎么实现的？

以上类似的题目很多，只要根据岗位需要的知识设计即可。

4. 情境模拟题型

针对特定的岗位，在了解岗位的工作内容与职务素质要求的基础上，事先创设一系列与工作高度相关的模拟情境，然后将被试者纳入该模拟情境中，要求其完成该情境下多种典型的管理工作，如主持会议、处理公文、商务谈判、处理突发事件等。在被试者按照情境角色要求处理或解决问题的过程中，主试者按照各种方法或技术的要求，观察和分析被试者在模拟的各种情境压力下的心理、行为表现，测量和评价被试者的能力、性格等素质特征。情境模拟题既适用于一般个体面试，也适用于群体面试，如以无领导小组讨论、角色扮演、辩论赛等形式，用于多位候选人竞聘（PK）形式下的人才筛选。

题型 1. 无领导小组讨论

所谓无领导小组讨论，是指一组被试者开会讨论一个实际经营中存在的问题，讨论前并不指定由谁主持会议，在讨论中观察每一个被试者的发言，以便了解被试者心理素质和潜在能力的一种测评方法。

在一般情况下，每个小组会有一名被试者以组长的身份出来负责这些问题，出来主持会议，这个人的领导能力相对较强。根据每一个被试者在讨论中的表现，可以从以下几个方面进行评价：领导欲望、主动性、说服能力、口头表达能力、自信程度、抵抗压力的能力、经历、人际交往能力等。也可以要求被试者讨论完以后，写一份讨论记录，从中分析被试者的归纳能力、决策能力、分析能力、综合能力、民主意识等。

题型 2. 角色扮演

角色扮演是情境模拟中的一个重要方法。它要求被试者扮演一个特定的管理角色来处理日常的管理事务，以此来观察被试者的多种表现，以便了解其心理素质和潜在能力的一种测试方法。

范例，在一定时间（如半天），被试者和主试者分别按角色进行扮演。这一过程中，可设计各种情境，例如，财务部经理请示员工年终奖金发放问题，人事部请批员工招聘方案，产品开发部汇报开发新产品的思路，秘书请示会议安排事项，外单位来电商谈商务问题，公司办公室主任告知刚发生的突然事件并请示处理方法，等等。

在测评中要强调了解被试者的心理素质，而不是根据他临时作出的意见作出评价，因为临时工作的随机因素很多，不足以反映一个人的真才实学。有时可以由主试者主动给被试者施加压力，如工作时不合作或故意破坏，以了解该被试者的各种心理活动以及反映出来的个性特点。

题型 3. 即席发言

与"文件筐"测试类似，即席发言是情境模拟的一种形式。它是指主试者给被试者出一个题目，让被试者稍做准备后按题目要求进行发言，以便了解其有关的心理素质和潜在能力的一种测评方法。即席发言主要了解被试者快速思维反应能力、理解能力、思维的发散性、语言的表达能力、言谈举止、风度气质等方面的心理素质。在被试者即席发言之前应该向被试者提供有关的背景材料。

范例题如：

（1）请谈谈领导授权的重要性。

（2）请谈谈在工作中处理人际关系的重要性。

（3）请谈谈员工培训的重要性。

（4）请谈谈与下级一起召开例会的重要性。

观察要点：应试者是否思路清晰、层次分明？语言是否流畅？观点是否明确？内容是否吸引人？能否用具体可信的事例说服？肢体语言是否自然等维度进行评估。

题型 4. 辩论

辩论是个集体项目，着重考察团队精神和处理冲突能力。辩论的辩题很重要。一般选择中性的题目。如"公司应该制定更多的制度来加强管理""领导者的权威来自职权本身""金钱是万能的吗"等。

方法如下：

首先将候选人按抽签的方式分为正反两方，每组成员相等，3~4 名；分两个小组进行讨论；每组的各个成员依次发表观点，即个人发言，最后一位将总结本方的观点。自由辩论，这时将打乱先后顺序，相互询问质疑。时间分配一般如下：分组准备时间 20 分钟，个人发言每人 5 分钟，自由辩论 30 分钟。

评委应从以下几个方面进行观察：候选人是否注意倾听对方陈述的观点；自己在表达观点时与所举的事例是否一致；进行辩论时是否注意内部合作；辩论是否离开了论题；能否敏锐地抓住对方的漏洞进行反驳；谁是辩论的中心人物等。

鉴于情境模拟题型对面试官的要求，一般被应用于结构化面试，出题思路与评分标准需要遵从于一般结构化面试要求。如某公司结构化面试中的出题范例如下：

范例 1：假定你是我司一员，由于上级领导准备召开一次季度会议，领导安排由你具体负责，接到此类任务，你会怎么做？

追问：如果在会议开始的前 1 天，预订的会议地点由于有重要的活动而变更，你将如何保证会议的正常召开？

出题思路：情境性题目。重点考察应聘者的计划、组织与协调能力及应变能力。

参考评分标准：

优：前期计划周密，可行性强，从会议的各个环节出发，综合筹划，实施步骤严密，主次分明。对突发事件安排处理妥当，具有较强的协调能力。

良：计划可行，组织实施环节主次得当，但欠周密。对突发事件能提出相应的处理办法，协调能力一般。

差：计划漏洞较大，可行性较差。对付突发事件措施不力，协调能力差。

范例2：假定你是某公司的职工，在工作中有位领导对你很偏爱，在评优、加薪等方面给了你很多的特殊待遇，可同时也引起一些同事对你的不满并疏远你。你会怎么处理这个问题？

出题思路：情境性题目。将应聘者置于两难情境中，考察其人际交往的意识与技巧，主要是处理上下级和同级权属关系的意识及沟通的能力。

参考评分标准：

优：感到为难，并能从有利于工作、有利于团结的角度考虑问题，稳妥地说服直接上级改变做法，积极与有关领导交流沟通，消除误解，同时对一些同事不合适的做法有一定的包容力，并适当进行沟通。

良：感到为难，但又怕辜负直接上级的信任，愿意与有关领导说明情况，并私下里与有意见的同事进行沟通，希望能消除误会。

差：不感到为难，并认为自己的特殊待遇是领导信任自己的必然结果，所以对此没有必要采取任何行动。

05 心理测试题型

心理测试类题型在人才招聘中的应用也越来越广泛，其主要用于能力测试、人格测试及兴趣测试方面，下面介绍几个简单易于操作与解读的测试题型，仅供参考。

1. 适用于某项能力或智力的测试题

（1）瑞文标准推理测验 [①]

瑞文标准推理测验（Raven's Standard Progressive Matrices，SPM）由英国心理学家瑞文（J. C. Raven）于 1938 年创制，在世界各国沿用至今，用以测验一个人的观察力及清晰思维的能力。它是一种纯粹的非文字智力测验，所以广泛应用于无国界的智力 / 推理能力测试，属于渐近性矩阵图，整个测验一共由 60 张图组成，由 5 个单元的渐进矩阵构图组成。

瑞文标准推理测验按逐步增加难度的顺序分成 A、B、C、D、E 五组，每组都有一定的主题，题目的类型略有不同。从直观上看，A 组主要测知觉辨别力，图形比较，图形想象力等；B 组主要测类同比较，图形组合等；C 组主要测比较推理和图形组合；D 组主要测系列关系，图形套合，比拟等；E 组主要测互换、交错等抽象推理能力。

结果演算（智商）：

智力水平：用百分比等级表示。

一级：测验标准分等于或超过同年龄常模组的 95%，为高水平智力。

二级：测验标准分在 75% 与 95% 之间，智力水平良好。

三级：测验标准分在 25% 与 75% 之间，智力水平中等。

四级：测验标准分在 5% 与 25% 之间，智力水平中下。

五级：测验标准分低于 5%，为智力缺陷。

另外有 A、B、C、D、E 五个项目的正确题数。

A：反映知觉辨别能力（共 12 题）。

B：反映类同比较能力（共 12 题）。

C：反映比较推理能力（共 12 题）。

D：反映系列关系能力（共 12 题）。

E：反映抽象推理能力（共 12 题）。

通过分析五个方面得分的结构，一定程度上有助于了解被测者智力结构。

[①] 张厚粲、王晓平、瑞文：《测验手册》，北京师范大学出版社 1986 年版。

（2）威廉斯创造力倾向测试 [①]

创造力被认为是人的一种特殊的高级能力。衡量创造能力的指标有：流畅性、变通性和独特性。流畅性是指在一定的时间内，个人表达出较多的观念。变通性是指思考灵活多变，可举一反三、触类旁通，较少受到某一种固定思维模式的影响，能从各种不同的角度看问题。独特性是指观念和见解新颖独特，不受常规影响。在创造力测试中常用的量表为威廉斯创造力倾向测量表。

威廉斯创造力倾向测量表

指导语：该量表是一份帮助个人了解自己创造能力的测试。如果你发现表中某些句子所描述的情形很适合自己，则请在题后的表格中"完全符合"的选项内打钩；如果有些句子对你来说，只是部分适合，则在"部分符合"的选项内打钩；如果有些句子对你来说，根本不可能，则在"完全不符"的选项内打钩。注意：每道题都需要做，只能单选，凭第一印象作答。

问题如下：

---

1. 在学校里，我喜欢试着对事物或问题作猜测，即使不一定都猜对也无所谓。
2. 我喜欢仔细观察我没有见过的东西，以了解详细的情形。
3. 我喜欢变化多端和富有想象力的故事。
4. 画图时我喜欢临摹别人的作品。
5. 我喜欢利用报纸、旧日历等废物来做成各种好玩的东西。
6. 我喜欢幻想一些我想知道或想做的事。
7. 如果事情不能一次完成，我会继续尝试，直到成功为止。
8. 做功课时我喜欢参考各种不同的资料，以得到多方面的了解。
9. 我喜欢用相同的方法做事情，不喜欢找其他新的方法。
10. 我喜欢探究事情的真假。
11. 我喜欢做许多新鲜的事情。
12. 我不喜欢交新朋友。
13. 我喜欢想一些不会在我身上发生的事。
14. 我想象有一天能成为艺术家、音乐家或诗人。

[①]　林幸台、王木荣修订：《威廉斯创造性思考活动手册》，台湾心理出版社 1997 年版。

15. 我会因为一些令人兴奋的念头而忘记其他的事。

16. 我宁愿生活在太空站，也不喜欢住在地球上。

17. 我认为所有的问题都有固定答案。

18. 我喜欢与众不同的事情。

19. 我常想知道别人在想什么。

20. 我喜欢故事或电视节目所描写的事。

21. 我喜欢和朋友在一起，和他们分享我的想法。

22. 如果最后一本书的最后一页被撕掉了，我就自己编造一个结果。

23. 我长大后，想做一些别人从没想过的事情。

24. 尝试新的游戏和活动，是一件有趣的事。

25. 我不喜欢受太多的规则限制。

26. 我喜欢解决问题，即使没有正确的答案也没有关系。

27. 有许多事情我都很想亲自去尝试。

28. 我喜欢唱没有人知道的新歌。

29. 我不喜欢在班上同学面前发表意见。

30. 当我读小说或看电视时，我喜欢把自己想成故事中的人物。

31. 我喜欢幻想 200 年前人类生活的情形。

32. 我常想自己编一首新歌。

33. 我喜欢翻箱倒柜，看看有些什么东西在里面。

34. 画图时，我喜欢改变各种东西的颜色和形状。

35. 我不敢确定我对事物的看法都是对的。

36. 对于一件事物先猜猜看，再看是否猜对了，这种方法很有趣。

37. 玩猜谜之类的游戏很有趣，因为我想知道结果为何。

38. 我对机器很感兴趣，想知道里面是什么样子，它是怎么转动的。

39. 我喜欢可以拆开来玩的玩具。

40. 我喜欢想一些新点子，即使用不着也无所谓。

41. 一篇好的文章应该包含许多不同的意见或观点。

42. 为将来可能发生的问题找答案，是一件令人兴奋的事。

43. 我喜欢尝试新的事物，目的只是想知道会有什么结果。

44. 玩游戏时，我通常有兴趣参加，而不在乎输赢。

45. 我喜欢想一些别人常常谈过的事情。

46. 当看到一张陌生人照片时，我喜欢去猜想他是个怎样的人。

47. 我喜欢翻阅书籍和杂志，但只想大致了解一下。

48. 我不喜欢探寻事物发生的各种原因。

49. 我喜欢问一些别人没有想到的问题。

50. 无论在家还是在学校，我总是喜欢做许多有趣的事情。

答题卡：

题号	完全符合	部分符合	不符合	题号	完全符合	部分符合	不符合	题号	完全符合	部分符合	不符合
1				18				35			
2				19				36			
3				20				37			
4				21				38			
5				22				39			
6				23				40			
7				24				41			
8				25				42			
9				26				43			
10				27				44			
11				28				45			
12				29				46			
13				30				47			
14				31				48			
15				32				49			
16				33				50			
17				34							

【结果评析】本量表共有50题，包括冒险性、好奇性、想象力、挑战性四项。其中：正面题目完全符合计3分，部分符合计2分，不符合计1分；反面题目完全符合计1分，部分符合计2分，不符合计3分。

（1）冒险性题目有：

①正面题目：1、5、21、24、25、28、36、43、44

②反面题目：29、35

（2）好奇性题目有：

①正面题目：2、8、11、19、27、32、34、37、38、39、47、49

②反面题目：12、48

（3）想象力题目有：

①正面题目：6、13、14、16、20、22、23、30、31、32、40、46

②反面题目：45

（4）挑战性题目有：

①正面题目：3、7、10、15、18、26、41、42、50

②反面题目：4、9、17

计算您的累计分，得分越高则说明创造能力越强；反之，说明创造能力差。

2. 适用于职业性格、兴趣测试题

（1）霍兰德职业兴趣测试 [①]

约翰·霍兰德（John Holland）是美国约翰·霍普金斯大学心理学教授，美国著名的职业指导专家。他于 1959 年提出了具有广泛社会影响的职业兴趣理论。认为人的人格类型、兴趣与职业密切相关，兴趣是人们活动的巨大动力，凡是具有职业兴趣的职业，都可以提高人们的积极性，促使人们积极地、愉快地从事该职业，且职业兴趣与人格之间存在很高的相关性。Holland 认为人格可分为现实型、研究型、艺术型、社会型、企业型和常规型六种类型。

企业招聘时，通过对应聘者职业兴趣的测试判定其属于哪种类型，由此决定录用职位。在企业的日常管理中，如果出现员工和职位不匹配的情况，可测试出员工的职业兴趣，再安排与其职业兴趣相匹配的岗位。

例如，其测试结果对应的职业索引如下：

R（现实型）：木匠、农民、操作 X 光的技师、工程师、飞机机械师、鱼类和野生动物专家、自动化技师、机械工（车工、钳工等）、电工、无线电报务员、火车司机、长途公共汽车司机、机械制图员、修理机器、电器师。

I（研究型）：气象学者、生物学者、天文学者、药剂师、动物学者、化学家、科学报刊编辑、地质学者、植物学者、物理学者、数学家、实验员、科研人员、科技作者。

A（艺术型）：室内装饰专家、图书管理专家、摄影师、音乐教师、作家、

① 参考文献：葛玉辉、宋志强：《职业生涯规划管理实务》，清华大学出版社 2011 年版。

演员、记者、诗人、作曲家、编剧、雕刻家、漫画家。

S（社会型）：社会学者、导游、福利机构工作者、咨询人员、社会工作者、社会科学教师、学校领导、精神病工作者、公共保健护士。

E（企业型）：推销员、进货员、商品批发员、旅馆经理、饭店经理、广告宣传员、调度员、律师、政治家、零售商。

C（常规型）：记账员、会计、银行出纳、法庭速记员、成本估算员、税务员、核算员、打字员、办公室职员、统计员、计算机操作员、秘书。

（2）MBTI 职业性格测试[①]

国际最为流行的职业人格评估工具——MBTI，同样可以用于招聘中对应聘者的职业倾向进行判断参考。MBTI 人格理论的基础是著名心理学家卡尔·荣格先生关于心理类型的划分，后经一对母女 Katharine Cook Briggs 与 Isabel Briggs Myers 研究并加以发展。这种理论可以帮助解释为什么不同的人对不同的事物感兴趣、擅长不同的工作并且有时不能互相理解。在世界 500 强中，有 80% 的企业有 MBTI 的应用经验。MBTI 测试题目较多，读者可参考 MBTI 测量表。MBTI 人格共有四个维度，每个维度有两个方向，共计八个方面。四个维度，两两组合，共有十六种类型。

MBTI 问卷

指导语：对下列每项陈述，请你从 a、b 两个选项中圈出适合你的一个。任何选择没有对错之分，因为无论你选择哪一个，总是有一半的人同意你的选择。（答案写到答题卡上，请保持卷面整洁）

1. 电话铃响的时候，你会	a. 马上第一个去接	b. 希望别人去接
2. 你更倾向于	a. 敏锐而不内省	b. 内省而不敏锐
3. 对你来说哪种情况更糟糕	a. 想入非非	b. 循规蹈矩
4. 同别人在一起，你通常	a. 坚定而不随和	b. 随和而不坚定
5. 哪种事更使你感到惬意	a. 作出权威判断	b. 作出有价值的判断

---

① Briggs, K., & Meyers, I. B.（1987）. Meyers–Briggs type indicator form G. Palo Alto, CA: Consulting Psychologist Press.

6. 面对工作环境里的噪声，你会	a. 抽出时间整顿	b. 最大限度地忍耐
7. 你的做事方式	a. 果断	b. 某种程度的斟酌
8 排队时，你常常	a. 与他人了聊天	b. 仍考虑工作
9. 你更倾向于	a. 感知多于设想	b. 设想多于感知
10 你对什么更感兴趣	a. 真实存在的东西	b. 潜在的东西
11. 你更有可能依据什么对事件作出判断	a. 事实	b. 愿望
12. 评价他人时，你易于	a. 客观，不讲人情	b. 友好，有人情味
13. 你希望通过什么方式制定合同	a. 签字、盖章、发送	b. 握手搞定
14. 你更愿意拥有	a. 工作成果	b. 不断进展的工作
15. 在一个聚会上，你倾向	a. 与许多人包括陌生人交流	b. 只与几个朋友交流
16. 你更倾向于	a. 务实而不空谈	b. 空谈而不务实
17. 你喜欢什么样的作者	a. 直述主题	b. 运用隐喻和象征手法
18. 什么更吸引你	a. 思想和谐	b. 关系和睦
19. 如果对某人失望，你通常	a. 坦率、直言不讳	b. 温和、体谅他人
20. 工作中，你希望你的行动进度	a. 确定	b. 不确定
21. 你更经常提出	a. 最后、确定的意见	b. 暂时、初步的意见
22. 与陌生人交流	a. 使你更加自信	b. 使你伤脑筋
23. 事实	a. 只能说明事实	b. 是理论的例证
24. 你觉得幻想家和理论家	a. 有些讨厌	b. 非常有魅力
25. 在一场热烈的讨论中，你会	a. 坚持你的观点	b. 寻找共同之处
26. 哪一个更好	a. 公正	b. 宽容
27. 你觉得工作中什么更自然	a. 指出错误	b. 设法取悦他人
28. 什么时候你感觉更惬意	a. 作出决定之后	b. 作出决定之前
29. 你倾向于	a. 直接说出你的想法	b. 听别人发言
30. 常识	a. 通常是可靠的	b. 经常值得怀疑
31. 儿童往往不会	a. 做十分有用的事	b. 充分利用想象力

续表

32. 管理他人时，你更倾向于	a. 坚定而严格	b. 宽厚仁慈
33. 你更倾向于作为一个	a. 头脑冷静的人	b. 热心肠的人
34. 你倾向于	a. 将事情办妥	b. 探究事物的各种潜质
35. 在多数情况下，你更	a. 做作而不自然	b. 自然而不做作
36. 你认为自己是一个	a. 外向的人	b. 自闭的人
37. 你更经常是一个	a. 讲求实际的人	b. 沉于幻想的人
38. 你说话时	a. 详细而不泛泛	b. 泛泛而不详细
39. 哪句话更像是赞美	a. 这是一个逻辑性强的人	b. 这是一个情感丰富的人
40. 你更易受什么支配	a. 你的思想	b. 你的体验
41. 当一个工作完成时，你喜欢	a. 把所有未了结的零星事务安排妥当	b. 继续干别的事
42 你喜欢什么样的工作	a. 有最后期限	b. 随时进行
43. 你是哪种	a. 很健谈的人	b. 认真聆听的人
44. 你更容易接受	a. 较直白的语言	b. 较有寓意的语言
45. 你更经常注意的是	a. 恰好在眼前的事物	b. 想象中的事物
46. 成为哪一种人更糟糕	a. 过分心软	b. 顽固
47. 在令人难堪的情况下，你有时表现得	a. 过于无动于衷	b. 过于同情怜悯
48. 你在作出选择时倾向于	a. 小心翼翼	b. 有些冲动
49. 你更喜欢	a. 紧张而不悠闲	b. 悠闲而不紧张
50. 工作中你倾向于	a. 热情与同事交往	b. 保留更多的私人空间
51. 你更容易相信	a. 你的经验	b. 你的观念
52. 你更愿意感受	a. 脚踏实地	b. 有些动荡
53. 你认为你自己更是一个	a. 意志坚强的人	b. 心地温和的人
54. 你对自己哪种品格评价更高	a. 通情达理	b. 埋头苦干
55. 你通常希望事情	a. 已经被安排、确定	b. 只是暂时确定
56. 你认为自己更加	a. 严肃、坚定	b. 随和
57. 你觉得自己是个	a. 好的演说家	b. 好的聆听者
58. 你很满意自己能够	a. 有力地把握事实	b. 有丰富的想象力
59. 你更注重	a. 基本原理	b. 深层寓意

60. 什么错误看起来比较严重	a. 同情心过于丰富	b. 过于冷漠
61. 你更容易受什么影响	a. 有说服力的证据	b. 令人感动的陈述
62. 哪一种情况下你的感觉更好	a. 结束一件事	b. 保留各种选择
63. 较令人满意的是	a. 确定事情已经做好	b. 只是顺其自然
64. 你是一个	a. 容易接近的人	b. 有些矜持的人
65. 你喜欢什么样的故事	a. 刺激和冒险的	b. 幻想和豪勇的
66. 什么事对你来说更容易	a. 使他人各尽其用	b. 认同他人
67. 你更希望自己具备	a. 意志的力量	b. 情感的力量
68. 你认为自己基本上	a. 禁得住批评和侮辱	b. 禁不住批评和侮辱
69. 你常常注意到的是	a. 混乱	b. 变革的机会

MBTI 测验计分表

题号	a	b	题号	a	b	题号	a	b	题号	a	b	题号	a	b	题号	a	b	题号	a	b
1			2			3			4			5			6			7		
8			9			10			11			12			13			14		
15			16			17			18			19			20			21		
22			23			24			25			26			27			28		
29			30			31			32			33			34			35		
36			37			38			39			40			41			42		
43			44			45			46			47			48			49		
50			51			52			53			54			55			56		
57			58			59			60			61			62			63		
64			65			66			67			68			69					
合计																				
类型	E	I		S	N		S	N		T	F		T	F		J	P		J	P

MBTI 性格类型维度解释

ISTJ 善分析的事物管理者	ISFJ 同情心丰富的事物管理者	INFJ 人际的意念创发者	INTJ 有逻辑、有批判精神、果断的意念发明者
1. 最可靠的人 2. 会不屈不挠地完成任务 3. 会爱护家庭和学校 4. 很有规矩 5. 会有机会与不负责任者结婚 6. 衣着没有很多变化 7. 在公司保守着公司的资源 8. 喜欢做会计工作 9. 不喜欢被批评而被批评会为冷血 10. 责任感很重	1. 很可靠，言出必行 2. 有历史感并与生活联结 3. 喜欢守次序而不要改变，否则无所适从 4. 节俭而忠于家庭 5. 爱与安静者做朋友 6. 会有不被欣赏和不被了解的感受，但不易表达出来 7. 有可能被不负责任者吸引而结婚 8. 爱实际而保障性的工作 9. 爱完成个人服伴的工作 10. 要完成工作后才娱乐 11. 不懂分配工作以为要独自完成，使自己疲倦	1. 以直觉能力处事 2. 知道有关将来、过去和现在的事 3. 作决定时，针对价值可作决定，可以容易作决定 4. 很难显示自己的情绪 5. 性格复杂但又一致，有时不能了解自己 6. 喜欢同别人一起工作 7. 喜欢做医生、心理学家、辅导、写作、牧师 8. 希望家里有和谐的关系 9. 若有人批评他自己会受伤 10. 有很亲密的朋友	1. 最有自信心，自我觉察能力很高 2. 针对事情的可能性进行逻辑思考 3. 认为做事必须有目标 4. 很容易作决定，作了决定会很舒服 5. 仰望将来不回顾过去 6. 喜欢成立新制度 7. 有自己的立场不在意别人 8. 不会与很多人发展关系 9. 别人会觉得他很冷酷无情 10. 容易在感情方面做错 11. 缺乏群体意识
ISTP 现实的操作者	**ISFP 待观察一忠心的帮助者**	**INFP 独立、想象丰富的帮助者**	**INTP 好奇的技术设计者**
1. 爱兴奋、怕闷 2. 爱找寻刺激 3. 没有惧怕的 4. 爱荣耀 5. 情绪稳定、快乐 6. 不轻信人 7. 忠于朋友	1. 很难被了解，要非常留意他们如何表达自己，因他们喜好用间接的方法去表达 2. 冲动，活在当下不在将来 3. 最仁慈的 4. 不易与人沟通 5. 工作不感到疲倦和痛苦	1. 理想主义者 2. 很关心理想，甚至愿意牺牲生命 3. 易觉得别人不了解自己而感到疏离 4. 容易与外表安静的人倾谈，较怕差 5. 不用逻辑，会感性来获知识	1. 思想和说话很准确 2. 不看重人外在的权柄，认为权柄在于合理性的力量 3. 尊重人的智力 4. 会是势利的人，看不起人 5. 喜欢分析工作 6. 喜欢自己做事

续表

ISTP 现实的操作者	ISFP 待观察——忠心的帮助者	INFP 独立、想象丰富的帮助者	INTP 好奇的技术设计者
8. 不是一个好领袖 9. 爱行动并善用工具做事	6. 喜欢音乐、弹琴、舞蹈	6. 很容易了解象征的意义 7. 不喜欢假设只喜欢真实 8. 不想和别人发生冲突 9. 很喜欢良善，积极做的东西 10. 不喜欢按规律做事，喜欢新的思想	7. 忠于配偶，但不易表达自己感受 8. 家庭平静 9. 关心养育孩子 10. 不易教了解 11. 执着于原则和价值观 12. 思想很复杂 13. 不敏感别人的感受
ESTP 事物间的现实适应者	ESFP 人际的现实适应者	ENFP 热情的改变计划者	ENTP 创新分析性的改变计划者
1. 友善、活跃，惹人喜爱，易表达同感 2. 不多虑，不自私 3. 行为难以预料，易冲动 4. 善用环境资源 5. 不喜欢做长期性的工作 6. 行为对象多数是人 7. 评估人的动机很准确 8. 善观察非语言的线索	1. 戏剧性的人生，喜欢改革 2. 社交性，易适应新环境 3. 聪明，常说机灵的话 4. 为人乐观 5. 容易利用环境资源 6. 很大方疏财 7. 易被试探，因冲动性大 8. 不爱读书，只按需要去寻求知识 9. 爱做一些交往的工作 10. 喜欢做冒险性的工作	1. 他们觉得每一件事都有它真实的意义 2. 观察力很强 3. 很热心工作 4. 很独立 5. 是一个客观的人 6. 可以做很多不同的工作，但一定要用他有兴趣的 7. 他会找些新的方法去解决问题 8. 很容易带领别人一起工作，但处理细节不好 9. 不喜欢规律的工作 10. 不想和别人冲突 11. 很大方 12. 与人工作的能力很好	1. 喜欢与人做事、倾谈 2. 喜欢用分析能力解决复杂问题 3. 兴趣多方面 4. 用心做事也能动别人做 5. 开放、会尝试用新方法 6. 喜欢斗智 7. 喜欢发明、设计 8. 不喜欢规律的工作 9. 很想了解人 10. 有幽默感 11. 生活好像勇敢的冒险家 12. 能供给家庭需要 13. 不是一位附和者 14. 机敏

续表

ESTJ 务实的组织者	ESFJ 务实的和谐者	ENFJ 想象力丰富的和谐者	ENTJ 直觉创意型的组织者
1. 与人表层关系良好	1. 是人类中最具社交性的一类人	1. 天生是杰出的领袖	1. 领袖型，小时候已表现出来
2. 很实际	2. 提倡人际关系的和洽，不想与人竞争或争执	2. 愿意与人合作	2. 无论做什么都希望有些结果，也想别人帮他达到选定的目标
3. 为人一致，言行合一	3. 爱担负起社会工作或提倡发展社会传统	3. 关心人直至不能处理	3. 憎恨重复的错，也不喜欢低效率
4. 喜欢新事物但不喜欢新观念	4. 工作的对象是人	4. 觉得别人信任他，他也信任人	4. 有异象亦能与人沟通自己的异象
5. 忠于工作，家庭甚至愿意牺牲自己来负责任	5. 工作认真，也接受人的意见，需要别人的欣赏	5. 有时以为别人了解了他，其实不是	5. 喜欢建立新组织并希望发挥功能
6. 能系统地执行工作	6. 在家尊重父母又易心软	6. 说话很流利	6. 用客观的方法解决问题
7. 愿意做例行性的工作	7. 家中有问题要立即解决	7. 很容易投入自己的情感	7. 喜欢工作，忠于工作
8. 对时间很重视且准时	8. 需要爱与被爱	8. 作决定是用预感和灵感	8. 在家中主持大局，对配偶期望很高
9. 易下判断，而流于武断	9. 喜欢生日及周年纪念	9. 同别人工作想有和谐关系	9. 希望家居整齐，好好养育子女
10. 对别人情绪不易敏感	10. 会因悲观、失望而紧张	10. 忠于他的孩子，希望家庭平静	
		11. 喜欢从事戏剧行业，做物理治疗员，牧师，有号召力的教师，推销员	

3.适用于填表或面试等待期间的辅助小测试

菲尔人格测试卷 ①

指导语：以下是 10 道非常有趣而又轻松的性格测试题，测试的结果不存在绝对的好与坏，所以请你尽量放轻松，在第一时间选出最符合你的答案，也许有些题目没有绝对适合你的答案，那么，请选择你最倾向的答案。

试题：

1.你何时感觉最好? 计分：(a) 2 (b) 4 (c) 6

a. 早晨　　　　　　　b. 下午及傍晚　　　　　c. 夜里

2.你走路时是……计分：(a) 6 (b) 4 (c) 7 (d) 2 (e) 1

a. 大步的快走　　　　　　　　　　b. 小步的快走

c. 不快，仰着头面对着世界　　　　d. 不快，低着头

e. 很慢

3.和人说话时，你……计分：(a) 4 (b) 2 (c) 5 (d) 7 (e) 6

a. 手臂交叠地站着　　　　　　　　b. 双手紧握着

c. 一只手或两只手放在臀部　　　　d. 碰着或推着与你说话的人

e. 玩着你的耳朵、摸着你的下巴或用手整理头发

4.坐着休息时，你的……计分：(a) 4 (b) 6 (c) 2 (d) 1

a. 两膝盖并拢　　b. 两腿交叉　　c. 两腿伸直　　　　d. 一腿蜷在身下

5.碰到你感到发笑的事时，你的反应是……计分：(a) 6 (b) 4 (c) 3 (d) 5

a. 一个欣赏的大笑　　b. 笑着，但不大声　　c. 轻声地咯咯地笑　　d. 羞怯地微笑

6.当你去一个派对或社交场合时，你……计分：(a) 6 (b) 4 (c) 2

a. 很大声地入场以引起注意　　　　b. 安静地入场，找你认识的人

c. 非常安静地入场，尽量保持不被注意

7.当你非常专心工作时，有人打断你，你会……计分：(a) 6 (b) 2 (c) 4

a. 欢迎他　　　b. 感到非常恼怒　　c. 在上两极端之间

8.下列颜色中，你最喜欢哪一颜色? 计分：(a) 6 (b) 7 (c) 5 (d) 4 (e) 3 (f) 2 (g) 1

a. 红或橘色　　　　b. 黑色　　　　c. 黄或浅蓝色　　　　d. 绿色

e. 深蓝或紫色　　　f. 白色　　　　g. 棕或灰色

---

① 胡邓:《人际交往从心开始》，机械工业出版社 2008 年版。

9.临入睡的前几分钟，你在床上的姿势是？计分：(a) 7 (b) 6 (c) 4 (d) 2 (e) 1

a.仰躺，伸直　　　　b.俯躺，伸直　　　　c.侧躺，微蜷　　　　d.头睡在一手臂上

e.被盖过头

10.你经常梦到你在……计分：(a) 4 (b) 2 (c) 3 (d) 5 (e) 6 (f) 1

a.落下　　　　b.打架或挣扎　　　　c.找东西或人　　　　d.飞或漂浮

e.你平常不做梦　　f.你的梦都是愉快的

【测试结果评析】

【低于 21 分：内向的悲观者】

人们认为你是一个害羞的、神经质的、优柔寡断的人，需人照顾、永远要别人为你作决定，不想与任何事或任何人有关。他们认为你是一个杞人忧天者，一个永远看到不存在的问题的人。有些人认为你令人乏味，只有那些深知你的人知道你不是这样的人。

【21 分到 30 分：缺乏信心的挑剔者】

你的朋友认为你勤勉刻苦、很挑剔。他们认为你是一个谨慎的、十分小心的人，一个缓慢而稳定辛勤工作的人。如果你做任何冲动的事或无准备的事，你会令他们大吃一惊。他们认为你会从各个角度仔细地检查一切之后仍经常决定不做。他们认为你的这种反应一部分是因为你的小心的天性所引起的。

【31 分到 40 分：以牙还牙的自我保护者】

别人认为你是一个明智、谨慎、注重实效的人。也认为你是一个伶俐、有天赋、有才干且谦虚的人。你不会很快、很容易和人成为朋友，但你是一个对朋友非常忠诚的人，同时要求朋友对你也有忠诚的回报。那些真正有机会了解你的人会知道要动摇你对朋友的信任是很难的，但相应的，一旦这信任被破坏，会使你很难熬过，并很难恢复。

【41 分到 50 分：平衡的中道者】

别人认为你是一个新鲜的、有活力的、有魅力的、好玩的、讲究实际的

而且永远有趣的人；经常是群众注意力的焦点，但是你是一个足够平衡的人，不至于因此而昏了头。他们也认为你亲切、和蔼、体贴、能谅解人；一个永远会使人高兴起来并会帮助别人的人。

【51 分到 60 分：吸引人的冒险家】

别人认为你是一个令人兴奋的、高度活泼的、易冲动的人；你是一个天生的领袖、一个能迅速作决定的人，虽然你的决定不总是对的。他们认为你是大胆的和冒险的，会愿意试做任何事至少一次；是一个愿意尝试机会而欣赏冒险的人。因为你散发的刺激，他们喜欢跟你在一起。

【60 分以上：傲慢的孤独者】

别人认为对你必须"小心处理"。在别人的眼中，你是自负的、自我中心的、极端有支配欲、统治欲的人。别人可能钦佩你，希望能多像你一点，但不会永远相信你，会对与你更深入的来往有所踌躇及犹豫。

> **H 小贴士**
> **Human Resources**
>
> 以上心理测试范例在实际测试过程中，建议隐去题目，以减少题目带给应试者的思考干扰；问题内容也可以按同理进行变动与更新，以防内容老化。
>
> 从题库建设到应用实践过程中，按岗位序列所在的特定标准，找到标准的"识人"方法与工具，并通过不断优化这些岗位对应的"识人"标准，让"问对问题选对人"变得更加容易，为最终形成以岗位胜任能力为对象的科学测评体系奠定坚实的基础，达成知人善任的良性循环。

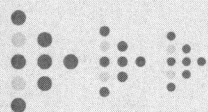

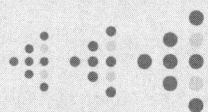

第 **13** 章

招聘内部培训

——苦练内功求突破

· ·

选拔培养面试官应注意哪些?

如何观察解读特殊沟通符号?

虚假信息内容识别技巧要点?

如何确立薪酬谈判最佳机宜?

招聘常见法律风险如何把控?

· ·

面试过程的重要性不言而喻。对企业来说，面试官代表企业，他们的表现直接反映了企业对外的形象；对候选人而言，面试是道门槛，最终决定是否被录用。面试官应具备哪些素质？应该如何从容应对面试……这些是面试官常常遇到的问题。然而，不是所有的面试官都能从容应对。

01 面试官的要求

1. 面试官应具备的素质

在企业岗位系统里，没有"面试官"一职，但在人才招聘工作中，面试官实实在在地肩负着选才的重任，与应聘者沟通过程中作为企业形象的代表。作为面试官这个角色，应具备如下基本素质：

（1）首先具备相关专业知识，了解组织状况与岗位要求；

（2）具有一定的职场阅历；

（3）谦和的心态，能够保持公正、客观的职业操守；

（4）具备良好的沟通（尤其是发问、聆听）能力；

（5）能够掌控面试过程与方向。

2. 面试官的选拔

通常情况下，人力资源部门作为面试组织与协调部门，面试官由人力资源部门成员和有关专家组成；另一种情况是由用人部门与人力资源部联合组成，面试官由双方按比例指定；还有一种情况是由人力资源部推荐，面试官由用人部门相关主管担当。无论面试官为哪种组成模式，面试官都是主角，其人选应遵循上述五项基本素质与要求进行选拔，并接受面试官培训，以提高他们的面试操作水平。

3.面试官的培训内容

研究和实践都证明，经过培训的面试官小组不论是评分的信度还是评分的质量都明显比没有经过培训的面试官小组要高。为面试官提供培训的内容包括两个方面。

（1）结构化面试的规范性和程序性要求

由于结构化面试的规范性与程序性要求相对较高，正如前文中提到的结构化面试的操作要点之一，面试问题只能围绕工作相关要求，启发面试官设计标准面试问题，围绕以下四个方面设计：

第一，"情境问题"。以假设式提问，提出一个假设的工作情境，以确定求职者在这种情况下的反应。

第二，与工作知识相关的问题。探索求职者与工作相关的知识掌握情况，这些问题既可能与基本教育技能有关，也可能与复杂的学科或管理技能有关。

第三，工作场景模拟问题。可通过录播的一种场景回放，在该场景中预留一定的问题，要求候选人实际完成一项操作顺序描述，当这种条件不具备时，可以采用关键工作内容模拟。在候选人回答这些类型的问题过程中，需要有具体的可操作、可衡量的步骤方法。

第四，工作要求问题。旨在确定候选人是否愿意适应工作要求。例如，如果候选人工作为可能需要随时被派驻外地的，面试官可以问候选人，是否愿意从事重复性工作或随时接受外派。这种问题的性质是实践工作的预演，并可能有助于候选人自我选择。

（2）面试官操作要领内容

①发问要领

开放式问题（轻松氛围）：需要鼓励候选人自由发挥的提问方式，如在帮助应聘者消除紧张戒备心理的过程中需要缓和气氛，在应聘者回答问题过程中，主考官可以对应聘者的逻辑思维能力、语言表达能力等进行评价。

封闭式问题（专题深入）：只需面试候选人做出简单的回答。一般以"是"

或"不是"来回答。这种提问方式只是为了明确某些不甚确实的信息，或充当过渡性提问。

假设式问题（广泛对话）：它是采用虚拟的假设前提，具一定的欺骗性，目的是考察应聘者的应变能力、思维能力和解决问题的能力。

连串式问题（步步深入）：可针对专业性问题，向应聘者提出一连串问题，具一定的测谎性，会给应聘者造成一定的压力。此时应注意候选人的肢体语言、面部表情观察其情绪的稳定性，以及从回答问题中表现出的思维逻辑性、条理性。

引导式问题（展开互动）：涉及工资、福利、工作安排等问题时，通过这种引导性探询方式了解应聘者的意向、需要和一些较为肯定的回答。

②倾听要点

目光对视，适当反应：在候选人回答问题时，不时与候选人进行目光对视，或在其条理发言中，予以点头、身体前倾等动作，以鼓励候选人放松而正常发挥。

把握被试者情绪：关注面试过程中候选人的情绪变化，特别是在压力问题面前，在候选人表现激动时，适时跳过或切换问题，以一种更温和的方式提问。

注意应聘者言辞、音色、音质、音量、音调等变化：面试官可以通过应聘者表达句子时采用的语调和重音，理解其强调的重点及态度倾向，并从这些变化上判断回答问题者的配合度、对问题本身的熟悉度、疑问点及自信与否等。

③观察要点

第一，从应试者体格、举止观其仪表风度与精气神状态，但忌以貌取人。

第二，注意目的性、客观性、全面性、典型性。即确保：面试的目的在面试过程中没有偏移；不带任何主观意识（摒弃个人喜恶）捕捉显性外观行为指标；从连贯的行为反应中系统地、完整地测评，不能简单地凭单一行为反应或仅从一般的问题中判断某项素质；去伪存真地抓准那些带有典型意义的行为反应，即找到揭示素质的关键性行为表现。

第三，注意应聘者的肢体语言等。

评价要点：以上要点最终为评价要素服务，面试官需要判断所获得的信息能否证明相关的素质特征，即所答是否为所问，能否体现如下的相关性：

求职动机与工作期望。了解求职者为何希望来本单位工作，对哪种职位最感兴趣，在工作中追求什么，判断本单位所能提供的职位或工作条件能否满足其工作要求和期望。

专业知识与特长。了解应试者掌握专业知识的深度和广度，其专业知识与特长是否符合所拟聘岗位的专业要求，作为对专业知识笔试的补充。

工作经验。这是面试过程中所要考察的重点内容。从应聘者实际工作经历中，通过对典型行为事件的呈现，探究应试者所具有的实践经验和程度，并考察其在这些实践角色中表现的责任感、主动精神、思维能力以及遇到紧急情况的理智状况。

工作态度。这里面有两层含义：一是了解报考者过去对工作、学习的态度；二是报考者对要报考的职位的态度。

事业进取心。事业心、进取心强烈的人，一般都会有明确的职业规划与方向，并为之积极争取。表现在工作上兢兢业业、锐意创新，反之，进取心不强或没有什么进取心的人，工作仅仅是为满足糊口，工作表现为安于现状，敷衍了事，因此对什么事都不热心。这样的人是难以做好本职工作的。

综合分析能力。面试中被试者是否能对主试者所提的问题通过分析抓住事物本质，并且说理透彻、分析全面、条理清晰。

反应能力。面试时，应聘者对主持人所提问题能否迅速、准确地理解并尽快做出相应的回答而且答案简练、贴切，反映出其头脑的灵敏程度的高低。

自我控制能力。对岗位有较高抗压能力要素的岗位，自我控制能力的考察也是一项重要内容，可从其对压力性问题中表现的情绪变化及肢体语言观察，比如在遇到批评指责、工作交期压力或是个人利益受到冲击时，怎么保障工作进度与质量，有没有表现出耐力和韧劲。

02　特殊沟通符号

面试过程中，除了问答式语言沟通交流获取信息以外，观察与分析则更有赖于对应聘者非语言沟通这一"特殊"符号的识别，并根据这些非语言沟通信息适时调整语言沟通策略，以达成在较短的面试时间里获取尽可能多的、更接近真实意思表达的信息。因为相较于语言沟通来说，非语言沟通信息量大，在特定语言表达情境下，更能够生动、直观地进行多方面、多层次对语言信息的补充。识别这些非语言符号，在面对面的沟通中，让"言不由衷"无处遁形。

1. 非语言沟通观察要点

（1）面部表情的观察。在面试过程中，被试者的面部表情会有许多变换，面试官必须能够体察到这种表情的变换，听其言观其色，以此来判断其心理，毕竟能做到"喜怒不形于色"的人不多。面试官借助于对被试者面部表情的观察与分析，可以判断被试者情绪、态度、自信心、反应能力、思维的敏捷性、性格特征、人际交往能力、诚实性等素质特征。

（2）身体动作的观察。在面试过程中，被试者的肢体动作在信息交流过程中也起着重要作用。非言语交流的躯体表现包括手势和身体的姿势，按照某些行为科学研究者的看法，手势具有说明、强调、解释或指出某一问题、插入谈话等作用，是很难与口头的言语表达分开的。另外，身体姿势的改变也是肢体语言中最有用的一种形式。因此，在面试中观察这种改变可以得到从对方语言交流或静态资料中得不到的资讯。

2. 非语言沟通在面试中的典型表现

（1）面部表情：面部表情语是指运用面部器官，如眉、眼、鼻、嘴来交流信息、表达情感的非语言符号，据体语学的创立者伯德惠斯特尔指出，人的脸部可做出大约 2.5 万种表情，可以说是非语言信息最丰富、最集中的地方。而在面部表情语中，最有表现力的当属眉眼语和微笑语。

第一，眉眼动作：眼睛，素有心灵之窗美名（这里无关乎其本身的大小美丑）。在面试中，应聘者如果不注视对方，或回避对方的视线，一般会传递出负面的信息，如不诚实、有所隐瞒、不自信、无把握、不感兴趣或厌恶等。而如果长时间注视对方，一般情况有两种意思，一种是说明对与之交流的人比对谈话内容更感兴趣，另一种是转移面试官注意力、向对方挑衅或施加某种压力，以起到震慑作用；而注视时间太短，则会有对对方和谈话内容都不感兴趣或厌恶的嫌疑。

第二，眨眼动作：通过应聘者眨眼的频率和次数，判断应聘者是否处于紧张、焦虑或惶恐不安的状态，因为在这些状态下，眨眼一般会频繁一些。

第三，瞳孔的变化：面试官可以根据应聘者的瞳孔因何放大，判断其喜好或对什么感到兴奋，而根据瞳孔的收缩，也可判断应聘者厌恶、戒备、愤怒的对象。

第四，微笑（笑容）的变化：在面试中，通过观察应聘者面部笑容变化，判断其是否以真诚的微笑向面试官传递出友善、关注、尊重、理解等信息。

（2）肢体语言：又称身体语言或行为语言，指通过人体各部分动作来传递信息、沟通交流的非语言符号。它既可以是动态的，也可以是静态的；可能是有意识的，也可能是无意识的。

第一，头部动作：点头和摇头是最基本的头部动作。点头表示同意、肯定或赞许，摇头表示反对、否定或批评。在面试中，面试官根据应聘者的头部动作，常常就能了解应聘者的态度、情绪、价值观等，而且可以对应聘者的性格是否自信进行推断。

第二，手臂动作：在面试过程中，应聘者如果采用"握臂"或"局部臂交叉姿势（指用一只胳臂横过胸前，握住另一只自然下垂的胳臂，或者左右手在体前相握的姿势）"，则会显示出内心紧张并竭力掩饰的自制信号。但对于某些善于掩饰紧张心理的应聘者来说，还有一种"伪装性的臂交叉姿势"，即用一只手触摸另一只手上的挎包、手表、袖扣等物品，实际上也是紧张的外在表现。

但如果面试官采用双臂紧紧交叉于胸前，一只手或两只手都握住另一胳臂的上面的姿势，一般会让人产生被拒于千里之外的感觉，这种姿势表达的是防御心理或傲慢态度，不利于建立平等友好的面试氛围。

第三，手部动作：在面试中，如果应聘者将掌心向上，会给人以诚实、谦逊或屈从的感觉；如果以这种方式与对方握手，也会表达出服从的意味。但是如果掌心向下，则会传达出抵制、支配、压制的信号。面试交谈过程中，手势语使用的频率和幅度也值得关注，如果对方有过多的手势语和幅度过大的手势，就要考虑其是否在掩饰什么，或是语言表达与思维不同步？

另外，面试官在与应聘者见面时，较合适的握手方式是手掌侧立与对方握手，并且是手掌相握，而不是只抓指尖，这样能显示平等友好且不会过于冷淡。

第四，脚部动作：英国心理学家莫里斯研究发现，人体中越是远离大脑的部位的动作，其表达的可信度越大。面试官可以通过应聘者的脚步对其性格、情绪进行推断，一般情况下，脚步沉稳，表示其沉着、踏实；脚步轻快可反映其内心的愉悦；脚步小且轻，表示其谨慎、服从；脚步匆忙、沉重且凌乱，则可判断其性格开朗、急躁、缺少城府。此外，脚语还能透露出人的心理指向。若面试官或应聘者一坐下来就翘起二郎腿，则可能表明他（她）有不服输的对抗意识，或是有足够的自信，或是有强烈地显示自己的欲望。

03 | 虚假信息识别

在面试过程中，面试官可以通过面试者的语言沟通信息与非语言沟通符号找到应聘者与工作需求相吻合的素质要求信息，也要通过这两个途径去识别与过滤虚假信息，以肯定你的判断是有效的。

1. 语言部分的谎言

都说一个谎言如果要一直追究下去，需要一连串的谎言来佐证最初的谎言以自圆其说，谎言因其欺骗的目的，都是经过充分思考而产生的，难以自圆其说的谎言识破不难，因此，谎言的破绽不在形式上，而是在谎言本身的内容上。由于其内容为编造出来的假象，要么来自已发生的事情，只是被修饰过了，要么来自未发生的或可能发生的事件，探究其真相也是相当困难的。但由于人的潜意识作用，大部分谎言在语言表述时会不自觉地留下诸多"破绽"。

（1）破绽一：狗尾续貂

面试官问：您在前一家做销售员期间，月平均收入在什么范围？

应聘者：9000元左右，这是真的！虽然在贵州经济看似不算发达的地方，其消费水平可真不低，我的销售业绩也是最好的。

分析：回答可能是假的吗？极有可能！从在"这是真的！"强调之后，加在后面的解释原因中可以看出来，面试者给出了面试官不需要的一些信息，强调9000元月收入的真实性，更狗尾续貂地表达自己的销售能力，结果反而透露了其语言的欺骗性。

人们常说，解释等于掩饰。通常人们的言语交际总是尽可能使话语语义信息适量，根据对方的需要提供信息，解释信息过量是一种反常的表达方式，因而容易引起注意，而说谎中的信息过量都不是说谎者的本意所为，是表达失误还是想把谎言编得更圆满？面试官识别这种谎言时如能同时注意到说谎者表情动作的不正常，则能更有把握识别它。

（2）破绽二：子虚乌有

面试官问：您的第一份在校实习机会是怎么获得的？

应聘者：其实主要就是在那时候觉得应该了解一下实际的工作是什么样的，于是从网上了解到这样一个信息，然后就给他们公司招聘的人发了一封电子邮件，然后经过层层面试，然后就很幸运地被录取了。

分析：面试者在说谎吗？极有可能！为了竭力使自己同谎言保持一定的距离，面试者在叙述假故事时都会下意识地避免使用第一人称"我"这个代词。

（3）破绽三：张冠李戴

面试官问：能谈谈您认为自己做得最得意的那个企划案吗？

应聘者：好的，×××那个案子是我做得最好的企划案，它的亮点在1……2……3……一直只是在谈案子的亮点。

分析：这是真的吗？企划案可能是存在的！但应聘者未必有多大的功劳。这是个开放式问题，应聘者没有提到自己在案子当中的作为，面试官如能以行为事件法技巧去引导征询细节时，而应聘者还在顾左右而言他地原地打转，则基本可以确定这是个张冠李戴的信息。

2. 非语言部分谎言

人的本性是不愿意说谎的，因此，任何人说谎的同时都会引起一些细微的，不自主的生理、心理反应，而这些反应很自然地通过他的面部表情、肢体语言呈现出来。作为面试官，可以从应聘者这些典型的非语言信息中看出端倪。

（1）从面部表情看破谎言

第一，面部。

脸部皮肤发红、脸色苍白惨淡通常是说谎的反应。如果谎言被识破，说谎者会更加紧张，有时会导致脸部充血，使脸部皮肤变红。

识别谎言的另一个关键线索就是假笑。说谎人的微笑很少表现真实的情感，更多的是为了掩饰内心的感情世界。假笑并伴随着较高的说话音调是揭示谎言的最有力的证据。

假笑源于情感的缺乏。由于缺乏感情，假笑时神情显得有些茫然，嘴角上扬，鼻孔两边的表情常常会有些许的不对称。习惯于用右手的人，假笑时左嘴角挑得更高，习惯于用左手的人，右嘴角挑得更高。

第二，眼睛。

一般情况下，人们在注意力集中时很少眨眼。这是因为从大脑提取信息的过程需要受到视觉的影响。当一个人眨眼过多时，他的思维没有活动，相反，当他的眨眼开始放慢时，说明他正进入思考状态。面试官可以通过面试者的眨眼动作判断面试者是否在进行思考。

人们交谈时，保持目光接触，敢于正视，表明彼此都不回避问题；企图逃避对方正视的目光是因为害怕隐藏于内心深处的秘密被人看出。说谎时，面试者常用揉眼睛的动作来掩饰。

通常人们一般在思考问题时才移动目光，一个人是惯于左移还是右移目光可能不会变来变去。如果面试官问一个不用思考的问题时，面试者也移动目光，那十有八九说明他不想轻易地说出这一信息，或者说他想撒谎；如果面试官问一个需要进行思考的问题时，面试者却没有移动目光，那么说明他并没有进行创造性的思考而可能事先就已经准备好答案，知道面试官会问什么问题。

第三，嘴、舌、唇。

嘴、舌、唇的干燥也是说谎的表现。说谎时，会强烈刺激舌下神经，对嘴、舌、唇的黏膜细胞的唾液分泌发生强烈的抑制作用，表现为嘴、舌、唇干燥。

所以不停地舔嘴唇是面试官判断面试者是否说谎的另一种依据。

（2）从肢体语言变换上看破谎言

第一，手势变化。

在面试的过程中，如果在初始阶段面试官发现面试者的手势比较多，但随着谈话的深入面试者手部的动作减少了，那么面试者可能就已经在说谎了，因为当面试者把注意力集中在自己讲话的内容上，身体动作变得不再是自发而出而是刻意做出的时候，这些身体动作就会明显减少。身体动作的降低可能因为面试者正在说谎，正在把注意力放在监督谎言的内容上。同时在下意识里，人们觉得挥动双手会把自己的秘密泄露出去，于是在说谎时就很可能也会不自觉地把手藏起来，放到口袋里。

人们说谎后担心谎言被拆穿，就会表现得很紧张、焦躁不安，就会将手背到身后掩饰心神不定的心理状态，或者互相紧握着，或者是握住另一只手的腕部以上的部位，握的部位不同，心情紧张的程度也不同。一般来说，握的部位越接近另一只手臂的肘部，他的紧张程度也就越高。当然在面试中有很多面试者由于过于紧张，即使诚实地进行交流也会出现双手紧握的情况，所以面试官需要结合多种体态语言进行分析和审视。

第二，自适性动作（不自觉地触摸）。

摸鼻子：当人在说谎时，大脑中有一部分会觉得不舒服，于是就想用手来制止这话的说出。掩嘴的意图过于明显就演变为摸鼻子；或者在生理上会使鼻子内的神经组织产生某种异样的感觉，于是就下意识地用手去摸一下鼻子，以便感觉舒服一点。对于面试官来说，一旦看到面试者在回答问题的过程中有摸鼻子的动作，那么就有理由怀疑面试者刚才回答的内容是虚假的。

触摸嘴：当人们在说谎的时候或者说别人坏话的时候，往往习惯用手捂住嘴巴。用手捂住嘴巴的动作有两种方式，一是用指尖轻触一下嘴唇，二是将手握成拳头状，将嘴遮住。无论哪种动作，都是为了掩盖自己说谎的真正企图，阻止嘴的活动给人以过分明显的表示，防止对方察觉出来。在说谎时，内心深处会有一种愧疚和害怕的心理，从而感到不安和不自在，这是人在说谎时的生理反应。为了克服自己的不自在心理，就用手捂住了嘴巴，掩饰自己，使自己镇静下来。因而，用手捂嘴原因有两个，一是控制自己，使自己镇静；

二是掩饰自己，不让别人知道自己在撒谎。

触摸脖子：脖子也是人体传达信息的重要器官。用手摸脖子，或用手去扯衣领的行为也是说谎的表现。说谎时，大脑的消极思维会引起脸部和脖子的肌肉组织发痒，需要用手去搔痒。直接的方式便是用手去触摸。但是，当说谎者意识到对方已察觉出自己在说谎时，往往会很紧张，引起颈部出汗，拉一下衣领，使颈部周围的空气可以流通，以消除发痒的感觉。

第三，象征性动作。

象征性动作是非语言交流的独特方式，尽管它们通常处于个人意识的支配下，但有时也可能会超出个人的意志而不自觉流露出来。当一个象征动作与说话语义完全相反时，就表示面试者的非语言行为出卖了他的谎言。例如，轻微的点头（表示肯定）可能就表明"否定"的言语是谎言；或者当面试者说自己很感兴趣，却收回张开放在桌上的双手，交叉抱在胸前，并把前倾的身子往回缩（表示拒绝和不感兴趣）可能表明面试者刚才说的自己很感兴趣的话就是谎言。

对于面试官来说，面试过程中明察秋毫地注意到面试者的这些谎言形态，并进行是否有害化辨识，能够为招聘过程中的背景调查以及最后的录用决策提供参考依据。

04 薪酬谈判机宜

薪资谈判是面试环节中企业与应聘者双方皆不可回避的问题。然而，该谈什么？又该谁来谈？在什么时机谈？怎么谈来得"靠谱"？这一连串的问题让 HR 主管们"一个头两个大"！

1. 薪酬谈判的最佳时机

（1）薪酬谈判的时机争议

关于薪酬谈判的时机选择，目前，在 HR 同行们中有两种主张，一类倾向于一开始就谈薪酬；另一类则主张最后谈薪酬，且各有各的说辞。

主张一开始就谈薪酬的认为：直接！排除一些高薪要求的求职者，免得一帮人围着招聘面试浪费了一圈的人力精力，最后在谈价钱上伤"感情"。

做法有：直接亮出岗位薪酬具体额度或上下限，再来征询应聘者期望；也有的是问候选人的期望值，再来权衡拿捏内部薪酬值；更有直接在招聘广告中明码标示薪酬（范围）的。

主张后谈薪酬的认为：在面试过程中积累对应聘者足够的了解，也需要让应聘者对公司及岗位有一定的认识，延后谈薪资时点至双方沟通到位之后，就有获得对等信息与选择思考的机会。

做法有：利用一系列的谈判技巧，对可能是目标人选之一的候选人，尽可能压低薪资值；对于唯一目标人选，则给出较高值或作出妥协准备，开放议价空间。

（2）薪酬谈判时机选择的因素

薪酬谈判的对象相关性：

通常情况下，供需关系决定着谈判的主动权，而掌握主动权的一方，决定着游戏规则。当工作要求仅仅是重复劳动的叠加，薪酬仅仅是劳动报酬时，定价机制越透明，按劳付酬还是按酬付劳似乎没那么值得纠结。

当工作岗位从组织价值链的分工与协同要求上，需要更多综合能力素质需求时，薪酬不仅仅作为劳动报酬，它更是由对知识、技能的肯定，对能力素质的尊重，对组织贡献的影响等诸多因素构成。定价与议价似乎都不是一件轻松的事。

内外薪酬体系的相关性：

企业的战略决定用人机制及其对应的价值驱动，薪酬具备行业或区域竞争力水平的，用优厚的薪酬条件吸引优秀人才的策略，强化高薪效应，弱化高薪对应下的高难度与高压力要求，一度使外资企业在对人才竞争的掠夺战中占尽先机。然而，更多处在同台竞争环境下的中小企业，尤其是中小企业、民企等，其以更灵活的机制与发展平台优势，一样吸引着合适的优秀人才，其定薪原则更多是兼顾内部的平衡。人力资源部门必须清楚地知道对内的给薪策略：顾及财务能力（薪资费用指标）以及内部给薪的公平性，既招聘到最优秀的员工，又不打破其上限，否则薪酬可能成为"心愁"，引发内部员工的不满，增加内耗。

掌握内部薪资全貌的是人力资源部门，尽量避免由业务主管或用人部门主管去谈薪资。人力资源主管在薪资信息的获取上，需要做好向下的任务分解与必要的培训。例如，开放一些薪资区间明确的一般性职能岗位薪资谈判权限，由部门的人资专员直接与候选人谈薪资等。而一般通用型岗位与非竞争型操作技能型岗位的工作内容与工作强度大体相当，将它们的招聘广告一起明码标价不失为明智之举；储备培养型岗位，如招聘应届毕业生，明确的起薪点也可以在招聘前告知。

（3）薪酬信息获取技巧

薪资是面试双选中最关乎"利益"的话题，也是企业与候选人双方的"底牌"，探知对方的"底牌"并评估其与预算差距，做到知己知彼是谈判的基础。

招聘初期：利用履历筛选机会，抓取其他信息的同时，看看候选人有没有填写薪酬期望值；如果没有，利用内部设计表格，套取相关信息。

利用电话初谈的时机，在了解候选人基础情况时，同时问清楚其离开最后原单位的薪资情况，这里要注意策略，从其绩效达成角度切入来了解其薪资结构。例如，问他们是如何考核的？绩效是如何跟奖金挂钩的？奖金占薪酬的比例为多少？同时，关注其工作变换中（尤其是同级岗位不同公司间）薪资变化的幅度，以评估候选人的薪资预期档与岗位能给的预算差距范围，找到契合点。

面试过程中：以从面试过程中获取详细的工作信息，包括工作量、工作难度及工作时间等，来匹配拟聘岗位工作内容，评估其工作付出与回报预算之间增减变量的关系。

因此，与其在薪酬谈判的具体时机上争论，不如先找到薪酬谈判的筹码，将谈判的节奏前置，最后就只是双方确认的一个过程而已。

2. 薪酬谈判的艺术

薪酬谈判的最终目标是按照公司的薪酬体系把人才招聘进来，而不是以应聘者满意的薪酬把人招进来。谈判的原则是，尊重并肯定候选人的正向评价。薪酬谈判的对象一般有如下几类：

以"低姿态"获取工作机会重于薪资要求本身的候选人，则需要重点考察其工作动机、行情及原单位薪资水平，给个偏低值观其反应，如果偏差太大则可能埋下隐患，不久就发生流动。

多数候选人真实的想法，应该是认同工作机会，但薪资要求并重，聪明的候选人会谨慎地反问面试官，如："不知我应聘的这个岗位公司能提供的薪资待遇有多少？"这时候，面试官可以说个区间，这个区间的掌握可以根据你对候选人"底牌"的了解，结合候选人原单位薪资水平，衡量公司内部的薪酬区间，在内定框架内尽量高出其"底牌"水平的 15%~25% 的合理区间取值，再注意观察候选人的面部表情等反应，商榷具体额度，一般都能达成预期。

薪酬谈判的难点在于候选人预期与公司薪酬体系存在较大差距的情况。这就需要分析原因，是基于其原来的薪资，还是区域、社交消费习惯等方面原因。然后再从详细结合候选人原单位原岗位具体情况，如工作量、岗位职责等，印证与本企业的要求差距大小，若差不多，则明确跟候选人讲，业务范围差不多，但目前还达不到这样的薪资，并从两个企业的规模、发展前景比较，沟通企业环境因素，尤其针对候选者离职的原因及其价值趋向（如稳定、通勤时间短等）方面进行论述，供应聘者综合比较；若相差很多，则从该岗位在企业的地位、职责范围等方面论述，从而明确告知候选人定位问题不统一，在薪资方面也很难协调。

最后，让应聘者认识到企业的管理理念与原则更为重要，重人才而不无原则迁就人才，明确告知应聘者哪些事情是企业可以满足的，哪些是企业不能满足的，这样才能确保人才真正融入企业，认可企业的管理机制，而非企业管理机制因个人而改变。

05 法律风险把控

招聘过程中，还应注意以下风险：

1. 证件审核过失风险

员工借用他人身份入职，发生了工伤，企业需承担责任。

（1）案例：某企业位于河南的生产分公司，在职员工 800 余人，企业在用工方面遵守规范，社保五险也齐全。一名来自工厂所在邻县的员工娄某借用其长相相近的亲属身份证件入职后，在工作场所被机器压伤拇指，造成拇指关节粉碎性骨折，治疗期结束后经劳动技能鉴定为八级工伤。该公司在为娄某申报工伤理赔过程中，被告知娄某身份信息不符，不予理赔。企业为此承担全部医疗及工伤赔偿共计 13 万余元。

（2）经验教训：该案在制造型企业较为常见，虽然过错在于员工的有意欺骗，最终导致工伤保险不能理赔，但是企业有责任核实劳动者身份信息，也应有识别假证件的技能。

（3）风险防范：我国已普及使用第二代身份证，造假的身份证通过设备读取基本就能被识破，难点在于假的真证件，即人与身份证是否一致，就如该案例中的借用长相相近的亲属证件情况，这就需要配合问与观察等面试方法去识别了。未来，人像识别系统（据说识别率达 95.7%）或许是个不错的识别工具（通过采集照片与身份证读取系统自动比对判定应聘者是否为本人）。

2. 决策变更风险

通过招聘面试层层流程，公司已向候选人发出了录用通知，因故接到老板通知停止该岗位招聘。

（1）案例：某公司通过正常招聘流程，录用了一位办公室主任，并发出了录用通知，明确了报到日期与待遇等相关约定。然而，原离职的办公室主任又申请撤回离职申请，不离职了，老板决定继续用该办公室主任，不再外招了。该公司人力资源部经理给候选人打电话，通知变化并表示抱歉，可候选人提出支付误工费、待业等损失三个月工资额的赔偿。最后，该司人力资源经理以候选人没有按要约书面回复为由，双方各让一步协商由公司支付 1 个月工资了结。

（2）经验教训：对已经发了 Offer 的求职者，正式入职前，公司如果单方面取消 Offer，公司是要承担违约责任的。因为 Offer 也就是我们经常讲的录用通知书，在合同法中有一个专门名称为要约。录用通知作为要约，是用人单位希望和求职者订立劳动合同的意思表示。《中华人民共和国合同法》第十九条明确规定了要约不能撤销的情形，包括"受要约人有理由认为要约是不可撤销的，并已经为履行合同作了准备工作"。

该候选人为了前来入职，已辞掉工作，属于为履行合同作了准备。公司应承担的责任有：继续履行、采取补救措施或者赔偿损失等违约责任。因此，对于求职者赔偿损失的要求，用人方积极展开沟通和对方协商解决是上策，无法达成协议就只能通过仲裁或诉讼解决。

（3）风险防范：对于初录用者尽量采用电话通知方式邀请对方前来协商入职事宜，如果一定要有详细的录用通知，以聘用意向函形式（详见招聘录用章节模板），尽量在通知上标注通知回传日期与有效期限，并通过跟进掌握主动。当然，也应该做好内部沟通，核实计划，以规避类似风险。

3. 招聘歧视风险

在招聘过程中有公开排除性条件，涉及歧视范围的，比如对年龄、性别、地域、容貌等的限制，也成为劳资纠纷的焦点。

（1）案例：某公司因业务拓展需要，拟组建海外生产基地，需要就地组织招聘一些跨国人才。HR 经理在招聘需求中明确规定了关于民族、性别与年龄的要求，按常规翻译挂到相关网站，招致其客户方以人权歧视为由，中断了关联供应间的合作，最终影响公司发展战略方向。

（2）经验教训：一些欧美等国家跨国公司对其合约工厂的要求，往往需要通过 SA8000 验厂要求，即企业社会责任体系，SA8000 验厂要求根据国际劳工组织公约、多边人权宣言和联合国儿童权益公约制定，涵盖行业和企业规范，它创建了一个衡量社会责任的共同语言，是全球首个可作为第三方认证的道德规范国际标准。

（3）风险防范：企业歧视风险看似是单方要求，却容易触（伤）及敏感人群，应在招聘中理性对待相关条件，书面公告的内容更需慎之又慎，HR 应熟读法律法规，尤其是要了解区域文化差异，培养对歧视风险的敏感度，否则会陷企业于"信任与信仰"的双重危机。

4. 竞业禁止风险

候选人入职时，若与原公司所签的竞业禁止协议在有效期内，用人单位有侵权风险。

（1）案例：Z 公司从其竞争对手（C 公司）处录用一名技术主管，三个月后 C 公司将这名技术主管及 Z 公司一起告上法庭，Z 公司被判处赔偿经济损失并停止侵权。

（2）经验教训：要求竞业限制是指用人单位在劳动合同或者保密协议中，与掌握本单位商业秘密和与知识产权相关的保密事项的劳动者约定，在劳动合同解除或者终止后的一定期限内，不得到与本单位生产或者经营同类产品、从事同类业务的有竞争关系的其他用人单位任职，也不得自己开业生产或者经营同类产品、从事同类业务。

（3）风险防范：对于高管、技术专才等岗位，在招用决策时首先要尽到审查义务，通过向本人了解，索取离职证明及背调等方式确认，尽量排除风险。明知有风险，则需要研究所签协议，评估风险承受范围，也有些企业采取在协议有效期内，以"顾问"形式合作来规避风险。

法律规定对于明知签有竞业协议，仍然聘用竞业限制人员的用人单位，属于违反了《反不正当竞争法》第九条规定："违反约定或者违反权利人有关保守商业秘密的要求，披露、使用或者允许他人使用其所掌握的商业秘密……第三人明知或者应知……本条第一款所列违法行为，仍获取、披露、使用或者允许他人使用该商业秘密的，视为侵犯商业秘密。"此种情况，用人单位与竞业限制人员共同侵犯了他人的商业秘密，构成了共同侵权，应对受害单位承担侵权赔偿责任。

综上，企业招聘工作自招聘广告发布开始，至整个流程结束，人力资源从业者要熟知相关法律，规避企业用人风险。其他更多与招聘相关的法律法规详见本书附录。

图书在版编目（CIP）数据

老 HRD 手把手教你做招聘：实操版 / 王桂莲著 . —2 版 . —北京：中国法制出
版社，2019.10

（老 HRD 手把手系列丛书）

ISBN 978-7-5216-0400-9

Ⅰ . ①老…　Ⅱ . ①王…　Ⅲ . ①企业管理－招聘　Ⅳ . ① F272.92

中国版本图书馆 CIP 数据核字（2019）第 154828 号

策划编辑：潘孝莉（editorwendy@126.com）

责任编辑：潘孝莉　刘　悦　　　　　　　　　　　　　　封面设计：汪要军

老 HRD 手把手教你做招聘：实操版

LAO HRD SHOUBASHOU JIAO NI ZUO ZHAOPIN：SHICAOBAN

著者 / 王桂莲

经销 / 新华书店

印刷 / 三河市国英印务有限公司

开本 / 787 毫米 ×1092 毫米　16 开　　　　　　　　印张 / 15.75　字数 /248 千

版次 / 2019 年 10 月第 2 版　　　　　　　　　　　　2019 年 10 月第 1 次印刷

中国法制出版社出版

书号 ISBN 978-7-5216-0400-9　　　　　　　　　　　　　定价：59.00 元

北京西单横二条 2 号　邮政编码 100031　　　　　　　　传真：010-66031119

网址：http://www.zgfzs.com　　　　　　　　　　　　**编辑部电话：010-66010406**

市场营销部电话：010-66017726　　　　　　　　　　　**邮购部电话：010-66033288**

（如有印装质量问题，请与本社印务部联系调换。电话：010-66032926）